ARGENTOPÍA

Otra Argentina es posible

ROBERTO RUBÉN PITTALUGA

ARGENTOPÍA

Otra Argentina es posible

EDITORIAL DUNKEN
Buenos Aires
2026

Pittaluga, Roberto Rubén
Argentopía: otra Argentina es posible / Roberto Rubén Pittaluga.
1a ed. - Ciudad Autónoma de Buenos Aires: Dunken, 2026.
264 p.; 16 x 23 cm.

ISBN 978-987-85-5142-5

1. Ciencias Sociales y Humanidades. 2. Ciencias de la Educación. 3. Pedagogía. I. Título.
CDD 370.1

Ayacucho 357 (C1025AAG) - Capital Federal
Tel/fax: 4954-7700 / 4954-7300
E-mail: *info@dunken.com.ar*
Página web: *www.dunken.com.ar*

Hecho el depósito que prevé la ley 11.723

e-mail: roberto.pittaluga53@gmail.com
ISBN 978-987-85-5142-5

Dedicatoria

A Luka, Mateo, Umma, Nina, Zoe, Vicente, Joaquín, Delfina y todos los pibes y pibas de las generaciones alfa y venideras que deberán crecer y desarrollarse en un mundo vertiginoso, cambiante e incierto, donde el impacto de la tecnología y la ciencia es impredecible.

Además, el azar ha querido que nacieran en un país inextricable como la Argentina.

Por eso anhelo, de todo corazón, que este libro les sirva para entender nuestro pasado y presente, pero más aún para que accedan a las herramientas, que como un hilo de Ariadna[1] *les permita encontrar la salida del laberinto que les supimos legar; y construir todos juntos y en paz la Argentina que soñaron nuestros padres y abuelos.*

Abu Tito

[1] J. M. Sadurní. Mitología Griega. La leyenda del minotauro. El terrorífico monstruo mitad hombre y mitad toro. Historia. Nacional Geographic. 16/08/2024.

In memoriam

de

Cristina Isabel Pittaluga (Mimí),

María Testa

y

Juan Roberto Pittaluga.

PRÓLOGO

Tuve la suerte de conocer al doctor Pittaluga a principios de la década de 1990. En aquel momento él todavía ejercía su profesión de médico en el Hospital General de Niños Pedro Elizalde y yo la de administrador gubernamental (previamente ingeniero). Ambos comenzamos cada uno por su cuenta el camino hacia lo que en aquel momento se llamaba pomposamente "calidad total", nombre mal traducido del inglés y disciplina que actualmente se conoce como gestión de la calidad.

Una de las actividades de lanzamiento más importantes que hicimos ambos, en conjunto con otros administradores gubernamentales, fue el primer Seminario Internacional de Calidad Total realizado en el Consejo Profesional de Ciencias Económicas, con invitados de Japón, Estados Unidos y otros países.

En aquel momento, para todos los que nos acercábamos a la temática, no era una técnica de gerenciamiento, sino casi una religión.

Con ese espíritu se lanza Roberto a la escritura del libro que nos permite apreciar que la realidad actual es compleja, con un contexto turbulento, intersecada en muchos campos interrelacionados que forman un conjunto en un equilibrio muy precario y peligroso.

De este atolladero solo podremos salir con la buena voluntad de todos. Solo con comportamientos humanistas como los de Gandhi y Cristo se vencerá la pobreza, la injusticia social y la falta de valores de la sociedad actual.

El comportamiento de muchos líderes actuales basado en el egocentrismo, el interés o simplemente la persecución de ideas mesiánicas nos llevará por un camino destructivo de crueldad y violencia. Solo podremos torcerlo con la mística original de la disciplina de la gestión de la calidad. En términos egoístas se reduciría a una lógica beneficiosa como la del dilema del prisionero en el cual pensando primero en todos y luego en uno mismo se sale ganando.[2] Necesitamos líderes mundiales de todos los niveles que sustenten valores humanos.

Algunas *highlights* que aparecen al respecto son las siguientes:

La tecnología no resolverá los problemas humanos. Los líderes del mundo actual no se encuentran bien encaminados al respecto y los Gobiernos parecen estar alejándose cada vez más de la democracia. Las grandes empresas con ingresos anuales superiores al producto bruto de muchos países tienen tanto poder como los Gobiernos (Cap. 7).

Las religiones tradicionales pierden terreno ante pseudo religiones de Estado como el comunismo, creencias mesiánicas de unos pocos, falta de religión, con consecuencias en los dolores del colectivo humano (Cap. 11).

Tristeza por el derrotero del país a partir del año 1930 (Cap. 12).

¿Por qué en historia solo enseñan las guerras de la humanidad y no todos los demás aspectos positivos de ella que hacen al verdadero desarrollo humano? Las personas roban; los Estados conquistan (Cap. 14).

En resumen, la idea que recorre todo el libro es la de Deming: solo a través de la educación se podrá mejorar el mundo. Una forma de hacerlo es leer este libro.

No es fácil juntar el volumen de información que es el fruto de muchos años de labor de Roberto. Dentro de esta, es importante destacar especialmente la que figura en las tablas y los gráficos, recopilada en un monumental esfuerzo de investigación que puede apreciarse si miramos las referencias de pie de página. La pluma es ágil y entretenida; he disfrutado de su lectura y la considero indispensable para aquellos que deseen abandonar la cultura del avestruz, conocer cómo se llegó al presente y saber cuáles son los derroteros del mundo actual.

[2] Desarrollado originariamente por Merrill M. Flood y Melvin Dresher mientras trabajaban en RAND en 1950, el dilema del prisionero es un problema fundamental de la teoría de juegos que muestra que dos personas pueden no cooperar incluso si ello va en contra del interés de ambas.

Agradezco a Roberto por su esfuerzo y creo que ha realizado un importante aporte para la mejora de aquellos que lean el libro y, a través de ellos, a la mejora del mundo.

Finalmente, quiero cerrar estas consideraciones con un comentario personal: agradezco que Roberto me considere su amigo, dado el respeto y el afecto que yo siento por él.

ING. ARMIDO BONELLI

INTRODUCCIÓN

No soy filósofo, sociólogo, teólogo, político, ingeniero, astrofísico, experto en nanotecnología, IT, IA, física cuántica o cualquier otra actividad humana destacada a lo largo de la historia.

Me reconozco agnóstico y la duda es mi sino.

La ignorancia que aumenta proporcionalmente a mi conocimiento y mi experiencia me abruma al igual que las certezas dogmáticas que rigen las decisiones de muchos argentinos y que solo pueden conducir a la violencia facciosa.

Solo estoy seguro de los errores que tendrá este escrito a pesar de la intensa y concienzuda lectura de todos los temas que trato.

Además, la vorágine de los cambios es tan grande que seguramente alguna data estadística no sea la última, pero sirven de ejemplo al concepto tratado. Por eso les agradeceré me hagan ver las falacias de este texto. Su retroalimentación apoyada por argumentos sustentados por evidencias objetivas (si es que existen) me serán muy valiosas.

Diseñamos una página web (www.argentopia.com.ar) para facilitar nuestro contacto. Uds. podrán enviarnos todos sus comentarios y preguntas. Podrán ingresar con el código QR del libro y otros datos de identificación única y real del interlocutor. No intercambiaremos mensajes con personas que se escondan en el cobarde anonimato o se expresen en forma soez o irrespetuosa.

Gracias a ello podrán acceder a la ampliación de la información suministrada y, además, realizar ejercicios de aplicación práctica de los conceptos vertidos a su organización.

Siempre estoy dispuesto a aprender y cambiar.

Agradezco a todos mis maestros en las ciencias y en la vida: mis padres, mi tía Vicky, los educadores con los que he interactuado en la escuela N.º 14 CE 16, Leopoldo Lugones; en el Colegio Nacional Reconquista, en la Facultad de Medicina de la UBA, el Prof. Dr. José E. Burucúa, el Ing. Armido Bonelli, el Ing. Enrique Yacuzzi, el Lic. Carlos Neetzel, el Ing. Víctor Rodríguez, el Ing. José Francisco López, los profesores Dres. Alfredo y Cacho Lanari y Elías Hurtado Hoyo, y tantos otros que fueron generosos conmigo al compartir sus valores y conocimientos o apoyarme en los proyectos. Ellos me han permitido alcanzar una formación científica sólida y ética. Especialmente deseo agradecer al Dr. Osvaldo Pérez que no solo fue mi maestro en radiología pediátrica, sino que además me enseño que había que tener calle, cordón y estaño para ser un hombre íntegro.

Agradezco a aquellos que confiaron en nosotros integrando nuestros equipos de educadores, asesores y auditores durante estos 30 años y que nos han enriquecido con su conocimiento y experiencia, y nos han honrado con su amistad y respeto: Susana Alonso, Sanda Bufarini, Mirtha Bufoni, Juan Coll Martinoia, Raúl Chomnales, Gilma Espinosa Batista, Karina Fiezoni, Silvia García, Ricardo Jais, Valeria Hey, Alicia Luis, Jorge Nocera, Natalia Pelufo, Cecilia Tarditi, Javier Torre y Raúl Yee entre otros.

Agradezco a mis afectos: mi esposa, mis hijas, mis hermanos, mis nietos, mi familia, mis amigos, porque son el sostén de mi equilibrio emocional, pero sobre todo porque me permiten aprender y mejorar cada día mediante sus comentarios, críticas y opiniones.

La clave de la felicidad está en compartir, comprender, aceptar y disfrutar de lo que se tiene junto a los más queridos.

También agradezco a Alicia Luis, Mirta Buffoni, Armido Bonelli, Osvaldo Pérez, por su colaboración en la lectura crítica preliminar, sus comentarios, así como por la bibliografía aportada; a Fabián Rabufetti y Florencia A. Pittaluga en cuanto a la teoría de juegos, y a esta última por el material didáctico elaborado por Delta Q SRL y bibliográfico sobre gestión integrada y de riesgos.

A Javier Indart por su aporte en impacto de la tecnología en la infancia y maltrato infantojuvenil, a Ana Laura Pittaluga en educación, a Algis Montenegro en IA en la atención de la salud y a Daniel Lewy en costos en oncología.

Agradezco a Yanina Andrea Pittaluga, Natalia Pelufo por su colaboración en la difusión y apoyo en las presentaciones, y a Ailín Carlés y Daniel Herrera en su colaboración en cuanto al diseño gráfico, desarrollo, programación y mantenimiento de la web www.argentopia.com.ar.

La envergadura del trabajo hace necesario imprimirlo en dos volúmenes. Ambos ya están escritos.

Está previsto que el primero se publique a principios de 2026 y el segundo a mediados de ese año.

Les comparto los contenidos de cada volumen.

Este que están por leer abarca el análisis de las causas de las reiteradas crisis, la caducidad del paradigma "derechas e izquierdas" y los principios de gestión integrado e integrable.

VOLUMEN UNO		
CAPÍTULO	**NOMBRE**	**TEMAS**
1	**EL ICEBERG**	Explicación de los componentes económicos, culturales y sistémicos que explicarían nuestras crisis reiteradas.
2	**LA ESFERA**	Reemplazo del paradigma de izquierdas y derechas por uno más complejo y abarcador.
3	**LOS QUINCE PRINCIPIOS DE LA GESTION INTEGRADA E INTEGRABLE**	Descripción breve de los 15 principios de gestión integrada e integrable. (SGIeI). Medidas aplicables y resultados posibles.
4	**LOS ACTORES DEL SISTEMA**	Explicación del rol de los principales actores de un SGIeI. Liderazgo. Enfoque en el ciudadano-usuario con su involucro efectivo en la cadena de valor. Compromiso de las personas. Gestión de las relaciones.
5	**EJES DEL SISTEMA**	Enfoque multisistémico dinámico. Gestión por procesos. Toma de decisiones basada en la evidencia. Mejora.
6	**OTROS PRINCIPIOS DEL SGIeI**	Gestión sistemática del riesgo. Prevención del impacto ambiental. Gestión integrada e integrable de la información. Gestión económico financiera. Ética y compromiso social

El segundo volumen, más extenso, trata del análisis de las falencias de los diferentes subsistemas que componen nuestra sociedad y las posibles medidas para lograr un cambio sustentable.

VOLUMEN DOS		
CAPITULO	**NOMBRE**	**TEMAS**
7	**SUBSISTEMA DE INTERACCIÓN CON EL RESTO DEL MUNDO**	Relaciones internacionales. Geopolítica. Imperialismos anacrónicos. Predominio de los gobiernos autocráticos sobre los democráticos. Corporaciones vs Naciones. La unidad reduce la incertidumbre.
8	**INTEGRACIÓN DE LAS ASOCIACIONES CIVILES SIN FINES DE LUCRO EN LAS POLÍTICAS DE ESTADO**	Organizaciones sin fines de lucro. Asociaciones civiles. Organizaciones no gubernamentales. Fundaciones. Mutuales. Cooperativas. Obras sociales .Movimientos sociales.
9	**ROL DE LOS SINDICATOS EN EL DESARROLLO DEL PAIS**	Hagamos historia. ¿Los paros han sido una herramienta de reclamo sindical o de presión político-partidaria? Pensemos los cambios posibles. Reflexiones finales.
10	**MILITANCIA, POLÍTICA, CRIMEN ORGANIZADO Y GOBIERNO**	Militancia. Partidos políticos. Administradores gubernamentales. Un debate que debe darse. Corporación política. Incompetencia y privilegios. Los fueros parlamentarios. La relación del crimen organizado y "la política". Narcodependencia de los funcionarios. Nepotismo en la Argentina. Empleo público, burocracia excesiva vs eficiencia. Asegurar la honestidad de los funcionarios.
11	**POLÍTICA, MAGIA Y RELIGIÓN**	Definiciones. La necesidad de los mitos. El sincretismo en América latina y Argentina. Demografía, migraciones y religión. El caso argentino. Iglesias y ONG. Iglesias y Estado. Síntesis.
12	**NO ES SOLO LA ECONOMIA, ESTUPIDO**	Introducción. Teoría de los vectores fuerza. Es solo la economía?. Costos de la mala gestión y como evitarlos. Sistema previsional, un Quasimodo insostenible. Reingeniería del sistema previsional. Estabilidad y desarrollo. Los Municipios ,motores del cambio desde el Estado. La Federación argentina de municipios. Las Pymes, los emprendedores y la economía del conocimiento son los motores del cambio del sector privado. Las asociaciones sociales civiles, los grandes facilitadores. Prima riesgo país (PRP),riesgo país o riesgo soberano. Impacto de las elecciones y la política en la PRP. Es posible que la Argentina sea potencia en 40 años? Economía emocional o conductual.

13	**UN SISTEMA INSANO**	Pensando con los pensadores. Marco regulatorio y principios. COFESA. Normas de aplicación voluntaria. Un nuevo paradigma en la calidad de gestión de las organizaciones de salud. Los quince principios de gestión integrada e integrable aplicados a las organizaciones de salud. El sistema de Salud, perverso, ineficaz e ineficiente. Gestión del gasto en Salud en la Argentina. El gasto de bolsillo, una falla del sistema. Impacto de los medicamentos. Medicamentos de alto precio. Vicios en la gestión de los medicamentos. Asuntos relevantes. Aborto, Suicidio asistido y eutanasia. Maltrato Infantojuvenil. Impacto de la tecnología en la infancia. La gran epidemia, los accidentes. Adicciones. Medidas del MSN. Impacto de las nuevas tecnologías y la IA en Salud. Cambios propuestos.
14	**LA GESTIÓN DE LA INFORMACIÓN**	¿La cuarta ola? Evolución de la comunicación, el cálculo y la computación. Impacto de la tecnología en la comunicación. Impacto de la comunicación en la política. ¿Los principios de la propaganda Nazi, siguen vigentes? Interacción generacional con la tecnología de la información. La Argentina intolerante.
15	**EL DESARROLLO DEL CONOCIMIENTO**	Educación, educación y más educación. El legado de Domingo Faustino Sarmiento. El legado de Paulo Reglus Neves Freire. La Educación; ¿gasto o inversión? Universidades. La eficacia educativa. Prioridades en la inversión en educación. Desafíos y oportunidades. La importancia del liderazgo y el trabajo en equipo en educación. Diferencia entre administración y gestión educativa. Educar es sobre todo transmitir y preservar valores.

Por eso, a mis 72 años he decidido escribir este libro para compartir con Uds. mi cosmovisión de por qué los argentinos vivimos en una crisis permanente y tóxica.

Intento facilitarles el acceso a datos, información, análisis y herramientas que les permitan comprender lo que nos sucede y cómo salir de este atolladero, y aceptar que, aunque utópica, una salida es posible o por lo menos vale la pena trabajar en ella.

Disfrutemos, por lo tanto, de este camino que los invito recorrer juntos.

Eso es lo que hay; lo otro depende de que todos tomemos conciencia de la necesidad de cambiar, nos formemos para ese cambio y estemos dispuestos a llevarlo a cabo juntos sin importar los sacrificios que conlleve.

Argentopía es la conjunción de dos palabras:

Argentina, que es el nombre que se da a nuestro país. Deriva de la palabra latina *argentum*, que significa 'plata'· El nombre se lo pusieron por error los españoles –el primero fue Martín del Barco Centenera en 1585– pensando que en estas tierras habría una cantidad importante de este metal precioso.

Es en sí el octavo país del mundo en extensión, cuenta con 18 ecoregiones,[3] diferentes climas, fauna, flora y multiplicidad de riquezas naturales· Posee 3.761.274 km^2. De ellos, 2.791.810 km^2 corresponden a la parte continental americana, 965.597 km^2 al continente antártico y 3867 km^2 a las islas australes (Georgias del Sur y Sandwich del Sur). La cordillera de 7000 kilómetros cuenta con una anchura aproximada de 200 a 700 kilómetros y la elevación máxima del continente americano, el Aconcagua (6962 metros). Las serranías, incluso en la provincia de Buenos Aires, encierran minerales de todo tipo desde oro, plata, cobre,[4] hierro, sílice, flúor, bario, caolín, bentonita, diamantes, rubíes, calizas, arenas, uranio,[5] tierras raras,[6] litio y muchos otros minerales metalíferos y no metalíferos, así como rocas de aplicación·

[3] Altos Andes, Antártida, Bosques patagónicos, campos y malezales, Chaco húmedo, Chaco seco, Delta e islas del Paraná, Espinal, Estepa patagónica, Esteros del Iberá, Islas del Atlántico Sur, Mar Argentino, Montes de llanuras y mesetas, Montes de sierras y bolsones, Pampa, Puna, Selva Paranaense y Yungas.

[4] El Yacimiento de Lunahuasi en San Juan. sería uno de los mayores del mundo de cobre, oro y plata según las empresas Lunding MIning y BPH.

[5] La Argentina posee importantes reservas comprobadas de uranio, que totalizan 30 mil toneladas, distribuidas en yacimientos ubicados en las provincias de Salta, Mendoza, Chubut, La Rioja, San Luis y Córdoba.

[6] Los depósitos de tierras raras conocidos son Rangel (Jujuy), Jasimampa (Santiago del Estero) y Rodeo de Los Molles (San Luis). Yacimientos donde se ha identificado cobalto como un subproducto son Las Águilas (San Luis), King Tut (La Rioja) y La Niquelina-Esperanza (Salta).

Poseemos una de las cuatro praderas más extensas y fértiles del planeta que, junto a otras zonas del país, permite contar con casi 39.000.000 hectáreas cultivables. En la campaña 2023-2024 y 2024-2025 se nota un aumento de la producción.[7] [8] [9] [10]

Así que estamos en condiciones de producir: soja, trigo, maíz, girasol, avena, cebada, centeno, sorgo, frutas y hortalizas de muy buena calidad.

También se faena para el consumo interno y la exportación carne de ganado vacuno, equino,[11] porcino, ovino, caprino y aves –incluidos gansos y faisanes–, conejos, liebres, ciervos, jabalíes y antílopes.

La Argentina produce entre 10 y 12 millones de litros de leche y unos 1100 millones de docenas de huevos por año.

Nuestro mar Argentino tiene un millón de km^2 y en sus aguas se desarrolla una de las más importantes pesquerías del globo·

Además, nuestra plataforma continental es fuente de recursos petroleros, gasíferos y minerales.

[7] Bolsa de comercio de Buenos Aires. AÑO XXXIX – N° Edición 2011-23 de Julio de 2021. La superficie agrícola proyectada para la campaña 2021/22 alcanza 38, 7 millones de hectáreas".

[8] https://tradenews.com.ar/la-produccion-agricola-2023-2024-creceria-alrededor-de-40/. La producción agrícola nacional en 2023/2024 prevista es de 130 millones de toneladas (incluyendo la cosecha de algodón), una recuperación de 39, 1% respecto a 2022/2023.

La producción de cereales proyectada del ciclo 2023/2024 es de 77, 8 millones de toneladas, volumen que representaría un incremento del 26, 2% con relación a la campaña previa, en concordancia con el aumento en la cosecha de trigo y maíz, los principales cultivos.

Para la cosecha de oleaginosas se proyectan 51, 2 millones de toneladas, un crecimiento de 64, 9% respecto de 2022/2023. El estado de los cultivos es variable, con algunas zonas que necesitan precipitaciones en el oeste de la región pampeana. La producción de soja alcanzaría 45, 5 millones de toneladas, una suba anual de 82%.

[9] https://iesonline.ar/la-produccion-agricola-2023-24-creceria-cerca-de-40/. Según las proyecciones de IES Consultores, en línea con la llegada del fenómeno climatológico El Niño, la campaña 2023/2024 totalizaría 130 millones de toneladas.

[10] Cosecha récord en el agro: estiman producción superior a los U$S 30000 millones en 2025. Ámbito. 17/05/2025.

[11] Entre 2014 y 2023 Argentina exportó 28.387 equinos. Es el principal exportador de caballos de polo del mundo de los que se venden entre 200 y 3500 por año. Tiene gran potencial de crecimiento. "Caballos. La Argentina lidera la producción y tiene gran potencial exportador" La Nación. Comercio Exterior. Págs. 4 y 5. 25/7/24.

En América, Europa y Oceanía, solo Chile, Noruega, Canadá, Nueva Zelanda e Islandia superan a nuestro país en cantidad de recursos hídricos·

Argentina es unos de los países de América Latina con más premios Nobel.[12] Ha alcanzado logros en las artes, las ciencias y el deporte destacables a nivel mundial desde principios del siglo XX.

Y podríamos seguir con un extenso listado de virtudes de nuestra patria y de algunos de sus habitantes pasados y presentes. Sin embargo, desde 1930 nos hemos sumido en un proceso de decadencia que nos ha hecho perder protagonismo y liderazgo en el concierto de las naciones.

Esto nos lleva a reflexionar: ¿qué hemos hecho mal los argentinos para llegar dónde estamos?

Trataré de encontrar respuestas a esta pregunta en el capítulo primero de este libro.

El segundo componente del título es **utopía.**

Para la Real Academia Española, es una palabra que proviene del latín *utopia,* isla imaginaria con un sistema político, social y legal perfecto, descrita por Tomás Moro en 1516, y este del gr. οὐ *ou* 'no', τόπος *tópos* 'lugar' y el lat. *–ia* '-ia'.

Y tiene dos acepciones:

1. f. Plan, proyecto, doctrina o sistema ideales que parecen de muy difícil realización.

2. f. Representación imaginativa de una sociedad futura de características favorecedoras del bien humano.

A la luz de los resultados de los Gobiernos militares y civiles que nos han sabido conducir, parece realmente utópico pensar que es posible salir del desbarajuste en el que nos hemos metido.

[12] Carlos Saavedra Lamas, premio Nobel de Paz, 1936. Bernardo Houssay, premio Nobel de Medicina, 1947. Luis Federico Leloir, premio Nobel de Química, 1970. Adolfo Pérez Esquivel, premio Nobel de Paz, 1980. César Milstein, premio Nobel de Medicina, 1984.

Sin embargo, pienso que es posible, aunque nada fácil hacerlo. Por eso me dedicaré en la mayor parte de este libro a compartir con los lectores las ideas de cómo llevar a cabo el viaje esperanzador hasta esa mitológica isla símbolo del deseo de muchísimos argentinos de vivir en nuestro querido país, felices.

Ahora narraré una historia mítica que he adaptado para que nos sirva de introito:

Dicen que una vez el Ángel de las tinieblas (también llamado Ángel del Mal, Ángel caído, Anticristo, Belcebú, Demonio, Diablo, Diantre, Leviatán, Lucifer, Patillas, Pedro Botero, Satán o Satanás) convocó a todos los referentes históricos del mal, ambiciosos del usufructo del poder.

Los citó en el Gran Estadio del Averno (también llamado Infierno, Abismo, Tártaro, Calderas de Pedro Botero, El profundo antro de la condenación, la perdición, el fuego eterno y las tinieblas).

Allí habían concurrido miles de representantes de los cinco continentes y de todas las etapas de la historia humana.

Dictadores, dictadorzuelos, terroristas, tiranos, narcotraficantes, gánsteres, corruptos, asesinos, genocidas, mafiosos, canallas y villanos de toda índole vitorearon el ingreso del Líder al estadio.

Luego de agradecer los saludos dijo: "He aquí 666 cajas de metal. 658 de plata, 7 de oro y una de platino. Todas ellas contienen un sentimiento o actitud que les facilitará el dominio de la humanidad. He decidido rematarlas al mejor postor".

Todos abrieron sorprendidos sus ojos y de inmediato se propusieron hacerse con semejante tesoro.

Así comenzó el remate con el primer cofre de plata donde se encontraba el odio, "*pervideas primus*" entre los sentimientos nefastos.

Entre algunos momentos de suma tensión e incluso algunos insultos se fue llevando a cabo el remate.

Rodeado por el Can cerbero y después de siete horas se llegó al remate de los siete cofrecitos de oro y el de platino.

Comenzó por abrir el primero de oro y remató la soberbia, en el segundo apareció la avaricia, en el tercero la lujuria (en este la compulsa entre el papa Alejandro Primero y Calígula fue de destacar).

A medida que se terminaba el evento la tensión fue creciendo.

En el cuarto cofre de oro estaba la ira.

En el quinto apareció la gula.

En el sexto estaba la envidia y en el séptimo la pereza.

Por fin solo quedaba el de platino. Todos al unísono le pidieron a Satán que le pusiera un valor de base y explicara cuál era su contenido.

Fue entonces que escucharon azorados y defraudados estas palabras:

"El contenido de este cofre lo reservo para mí, porque el mismo me permite tener el control sobre toda la humanidad y traerlos a todos a mi reino".

Entonces abrió el cofre de platino y de él salió LA DESESPERANZA.

Si se decide dominar a un pueblo, el camino más seguro es embrutecerlo, enfermarlo, empobrecerlo y dividirlo, generando enfrentamientos estériles que en un círculo vicioso lo lleva a más ignorancia, más enfermedad y más miseria sumiéndolo en la desesperanza.

Los argentinos enfrentamos desde hace casi cien años una decadencia de la que solo nosotros somos responsables.

Siguiendo las ideas de Lester Thurow (1996) y otros autores, podemos decir que la diferencia entre las personas, las organizaciones y los países ricos y pobres no está en sus posesiones, sino en cómo gestionan la información, desarrollan el conocimiento y sostienen los valores.

Nuestra querida Argentina es un país privilegiado por sus posesiones.

Sin embargo, a fines de 2023 un 50 % de los jóvenes no terminaba su secundaria; un 70 % de niños estaba sumido en la pobreza estructural; el desempleo, la marginalidad y el descalabro político, económico y social alcanzaban niveles históricos.

Las mafias y los narcotraficantes hacen de las suyas con complicidad de partes de las fuerzas de seguridad, políticos e incluso funcionarios judiciales.

Los gobernantes inclinados al populismo no hacen otra cosa que cooptar a los pobres mediante subsidios y obsequios obscenos de todo tipo; y los que se creen signados por fuerzas divinas a rescatar nuestro país, a sostener su poder mediante actos de histrionismo "rockeril", insultos y agresiones de todo tipo. Ambos cancelan y degradan a todos aquellos que manifestamos opiniones alternativas y más aún si son superadoras.

El 70 % de la población que se siente de clase media aún ve cómo sus ingresos genuinos no alcanzan para mantener dicho estatus y deben restringir sus gastos para llegar a fin de mes.

Todo esto hace que la desesperanza reine y se nos dificulte ver una salida.

Y más grave aún, nos predispone a ser fácilmente cooptados por personajes mesiánicos y demagógicos que nos proponen salidas milagrosas y simplistas o "*outsiders*" dogmáticos que explotan mediante las redes sociales y un lenguaje soez y disruptivo el hartazgo de la población con el rotundo fracaso del accionar de una "casta" corporativa política anacrónica. Si esto fracasa, llevará a muchos argentinos a tropezar otra vez con la misma piedra populista, en un círculo vicioso suicida.

Pero nada de esto es nuevo. Como dice el Prof. J. M. Roldán (2021) en el prólogo de su libro *Césares:* "Augusto aprovechó el anhelo de paz y estabilidad para imponer el poder que exigían las circunstancias: un régimen sintético, republicano en apariencia, monárquico en esencia… un poder absoluto enmascarado tras la fachada republicana".

La razón de este libro es darles a todos esos argentinos de bien, que se levantan cada mañana, trabajan, estudian y pagan impuestos con el anhelo de un futuro mejor para ellos y su familia, un análisis de por qué llegamos a esta situación y una serie de ideas de cómo salir de este embrollo donde solo nosotros nos metimos.

No encontremos excusas buscando los culpables afuera.

Hagámonos responsables de nuestros dislates y asumamos los errores cometidos.

En mi análisis de antecedentes históricos o críticas al accionar de personajes que han tenido o aún tienen una cuota de poder en Argentina y América Latina, he tratado de consultar fuentes de diferentes orígenes y puntos de vista, buscando una fútil objetividad. Parafraseando a Tácito,[13] [14] les digo que no escribo con afecto o rencor pues intento hacer profesión de honestidad insobornable.

Si alguno se siente ofendido en su dogma o creencia, pido disculpas, pero tengan en cuenta que solo aceptando los errores cometidos por aquellos a quienes apoyamos es que demostramos nuestra madurez.

Trabajemos mancomunadamente para poder desatar el nudo gordiano[15] que aprisiona a nuestra Patria y desactivar la espada de Damocles[16] que pende sobre ella.

Debo pensar que la mayoría de nosotros queremos vivir en una república democrática, representativa, federal; sustentada en la paz y el respeto mutuo y la constitución nacional. Por ese motivo les propongo que unidos recorramos el arduo, complejo y desafiante, pero fructífero camino de la esperanza.[17]

[13] Cornelius Tácito: Historiarum libri. Libro de las Historias. Traducción de Joaquín Sol Historias. Traducción Fernando el católico. Excma. Diputación de Zaragoza. Zaragoza. 2015.

[14] Ernst Bickel, en su *Historia de la literatura romana* (Ed. Gredos, 2009), menciona la frase que Tácito habría tomado de una sentencia antigua: "*Sine ira et studio*". Sin ira ni parcialidad o celo, en su significado de interés extremado y activo que alguien siente por una causa o por una persona.

[15] Alejandro Magno cortó un nudo intrincado que ataba el yugo y la lanza del carro del rey Gordias.

[16] La leyenda griega explicada por Cicerón relata cómo el tirano de Siracusa Dioniso le permitió a su cortesano Damocles, que envidiaba la vida de poder y riqueza, cederle el trono por un día, pero con una espada colgada sobre su cabeza sujeta por un solo pelo de caballo. Así le demostró que el poder conlleva un peligro constante.

[17] El triunfo libertario en las elecciones de 2023 solo ha cambiado parte del contexto y el resultado final de la experiencia dependerá de la confrontación de las ideas en pugna y de la capacidad de negociación de los líderes de las diferentes facciones. Aún con el triunfo de las nuevas posturas, analizaré en el epílogo los errores que subyacen en la toma de decisiones de esta nueva administración. A la estabilidad económica hay que sumarle desarrollo, y este se construye desde el respeto y el consenso.

ACRÓNIMOS

Acrónimo	**Significado**	**Referencia normativa**
AC	Acción correctiva	ISO 9000
AP	Acción preventiva	ISO 9000
CMD	Comité de mejora del desempeño	-
CCMD	Coordinador del CMD	-
CEPETRe	Control estadístico de procesos en tiempo real	-
GxR	Gestión por resultados	PNC
EEUU	Estados Unidos de Norteamérica	-
GXO	Gestión por objetivos	PNC
ORG	Organización	ISO 9000
OPI	Otras partes interesadas	ISO 9000
PE	Planificación estratégica	ISO TR 10005
PEIeI	Planificación estratégica integrada	-
PMP	Procesos para mejora de procesos	-
PNC	Premio nacional a la calidad	PNC
RACP	Responsable de la actualización de competencias del personal dentro del CMD	-
RAI	Responsable de la Auditorias internas dentro del CMD	-
RGD	Responsable de la gestión de los documentos y la información internas dentro del CMD	-
RGOM	Responsable del tratamiento de las oportunidades de mejora dentro del CMD	-

RSyM	Responsable del seguimiento medición de los procesos dentro del CMD	-
RU	Reino Unido	
SGA (SSGA)	Sistema de gestión ambiental o (Subsistema) (sustancial)	ISO 14001
SGC (SSGC)	Sistema de gestión de la calidad o (Subsistema) (sustancial)	ISO 9001
SGCo	Sistema de Gestión de Compliance	ISO 37301:2021
SGDFH	Sistema de gestión y desarrollo del factor humano (integrador)	ISO TR 10015 (UNE 66915)
SGEF (SSGEF)	Sistema de gestión económico financiero (Subsistema) (sustancial)	ISO TR 10014
SGS (SSGS)	Sistema de gestión de la seguridad y la salud ocupacional (subsistema) (sustancial)	OSHAS 18001. ISO 45001
SGI	Sistema de gestión de la información (integrador)	Norma ISO 17799
SGIeI	Sistema de gestión integrado e integrable	-
SSn	Otros servicios /sectores similares fuera de la organización	-
TNC	Tratamiento de no conformidades	ISO 900
USA	Estados Unidos de Norteamérica	-
EN EL DIAGRAMA DE PROCESOS		
D	Procesos de dirección	
G	Procesos de gestión	
S	Procesos de soporte o apoyo	
R	Procesos de realización u operacional	

Capítulo uno
EL ICEBERG

Si los pueblos no se ilustran, si no se divulgan sus derechos, si cada hombre no conoce lo que puede, vale y debe, nuevas ilusiones sucederán a las antiguas y será tal vez nuestra suerte ***cambiar de tiranos sin destruir la tiranía".***

Mariano Moreno

Crisis

El término *crisis* tiene diferente enfoque en occidente y en oriente. En griego *krisis* significa 'decisión'. Proviene del verbo *kino* que implica "yo decido, separo, juzgo". Por ende, designa el momento en que se produce un cambio muy marcado en algo o en una situación.

Es el momento decisivo **y riesgoso** en la evolución de las cosas.

En occidente la asociamos solo al riesgo inherente a la situación enfrentada.

En cambio, en oriente se asocia a la palabra 危機 *kiki*, donde 危険 *kiken* refiere al peligro y 機会 *kikai* a la oportunidad.

Las consecuencias de la crisis no están en su naturaleza, sino en las medidas que tomamos para superarlas y en la actitud con que la enfrentamos.

Si solo vemos riesgo, trataremos de atemperarla; pero si vemos además oportunidades, no solo podremos superarla, sino salir mejores de ella.

Desde el 11 de setiembre de 1930 la Argentina comenzó un camino de decadencia sustentado en Gobiernos elegidos mediante fraude electoral, dictaduras militares y populistas, Gobiernos democráticos y republicanos débiles acosados por sindicatos ligados al peronismo, corporaciones legales e ilegales y hasta 1983 militares dispuestos a ser el brazo armado de una parte de la sociedad que intentaba lograr orden a expensas de la libertad.

Desde la asunción al poder de Juan Domingo Perón en 1946, la antinomia peronismo (y sus variantes: menemismo, duhaldismo, kirchnerismo) –antiperonismo nos condujo a un callejón sin aparente salida de degradación sistemática de nuestra calidad de vida y la pérdida de posiciones de la Argentina entre las naciones.

La crisis permanente es como un iceberg contra el que chocamos reiteradamente en una actitud suicida colectiva.

Tratemos de analizar cómo está compuesto ese iceberg, porque quizás así podamos realizar un diagnóstico adecuado, que es el primer paso para luego llevar a cabo un tratamiento oportuno.

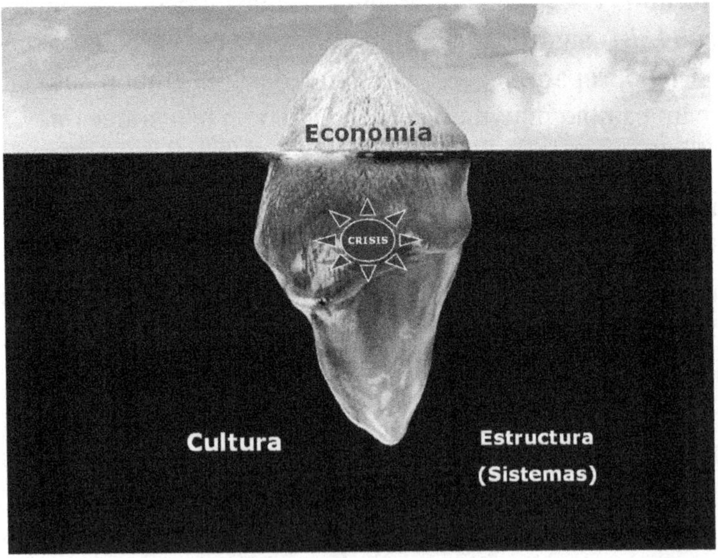

Figura 1: La crisis: Un iceberg

Podemos pensar un modelo en el que la crisis es como un iceberg que tiene tres componentes sustanciales.

El primero, el más visible, la punta de este, que flota sobre la superficie y todos apreciamos a simple vista: es la economía.

Así observamos cómo la inflación, la desvalorización de la moneda, el descontrol en el tipo de cambio, el aumento del déficit fiscal, el aumento de desempleo, la pobreza, la marginalidad, el cierre de pymes, la salida de empresas del país, la falta de inversiones y otras variables económico-financieras hacen mella en nuestra calidad de vida.

Es entonces cuando los Gobiernos de turno llaman a encumbrados economistas y, siguiendo el axioma de Clinton "es la economía, estúpido", ponen en sus manos la búsqueda de las soluciones.

Y gracias a esta visión estrecha, los argentinos sufrimos el rodrigazo, el plan austral, el plan de convertibilidad, los ajustes de todo tipo, los controles y congelamiento de precios, la manipulación de los indicadores del INDEC, la toma de créditos al 14 % anual con Chávez, el crédito *swap* con China, los acuerdos con el FMI, etc.

A cada medida le siguió en algunas oportunidades un veranito en el cual nosotros, en vez de hacer un fondo anticíclico, salimos corriendo a Miami y nos hicimos famosos con el "dame dos", y a vacacionar en el extranjero dilapidando divisas a troche y moche.

Como la Argentina es un país inclasificable, no nos dimos cuenta de que el axioma clintoniano no alcanzaba y debíamos modificarlo por **"No es solo la economía, ESTÚPIDO".**

Con al acceso al poder de la Libertad Avanza, un movimiento libertario que detesta al Estado, enfrentamos un Gobierno focalizado en lo económico y corremos el riesgo de una estabilización transitoria de las variables pertinentes como consecuencia de un ajuste del gasto público y el control del déficit fiscal.

Sin embargo, y espero que estas líneas les sean útiles a los actuales gobernantes, no están viendo todo el panorama, y esto implica un gran riesgo en el mediano y largo plazo.

Hay dos dimensiones que forman la parte sumergida del iceberg y son responsables de la mayor parte de su volumen.

Como están fuera de nuestra mirada a simple vista, los pasajeros del Argentitanic no nos damos cuenta de lo que es realmente crucial.

Darse cuenta es el primer paso para lograr un cambio; el segundo es querer darlo y por ende estar uno dispuesto a cambiar; y el tercero, adquirir las competencias para lograrlo.

Para eso es necesario analizar los datos adecuados a fin de contar con la información necesaria.

Fallas culturales

El primero de los componentes sumergidos y ocultos es "La Cultura".

A mi entender hay por lo menos cuatro características primordiales que han constituido un lastre para el desarrollo sustentable del pueblo argentino:

La falta de cultura por el respeto de las normas

Es llamativo cómo cada uno de nosotros piensa que puede eludir responsabilidades arreglando las cosas "por izquierda", "atándolo con alambre" o no cumpliendo los requisitos establecidos.

Sobornar al policía para que no nos haga la multa, acelerar cuando la luz del semáforo se pone en amarillo en lugar de frenar, saltarnos la fila (ha habido funcionarios que lo han hecho para vacunarse a expensas del personal de riesgo y los ancianos durante la pandemia de COVID), arrojar cosas por la ventanilla del auto, tirar las colillas del cigarrillo al piso, manejar luego de tomar alcohol, etc.

Un presidente argentino, Juan Domingo Perón, llevó al extremo esta situación arengando a sus seguidores con el lema: **"Al amigo todo, al enemigo ni justicia"**.[18]

Funcionarios de distintos partidos, pero sobre todo del kirchnerismo, han intentado por todos los medios presionar, modificar y alterar el normal funcionamiento del Poder Judicial al solo efecto de zafar de las consecuencias de sus actos delictivos.

[18] Entrevista a Juan Domingo Perón (Crisis). Pino Solanas y Octavio Getino, Revista Crisis, 1974.

El respeto a la norma es la esencia de la vida en democracia y es antes que nada una muestra de respeto al otro. Es sinónimo de igualdad ante la ley.

Las normas están para poner orden en la sociedad y evolucionan, como lo hacen la tecnología, la ciencia, la ética y la moral.

Las normas deben surgir del consenso con respeto de las minorías. Se deben aplicar sin diferencias.

La falta de respeto lleva al libertinaje, la confusión y el desorden. Es la causa del caos y, como todos sabemos, es el lugar donde pescan los personajes más nefastos para hacer su provecho a expensas de la comunidad.

La confusión de caudillo con líder

Desde los albores de la patria hasta la consolidación del Estado federal, los argentinos nos hemos agrupado alrededor de caudillos.

Cornelio Saavedra, José Gervasio Artigas, Estanislao López, Juan Lavalle, Francisco Ramírez, Martín Miguel de Güemes, Justo José de Urquiza, Juan Manuel de Rosas, Manuel Dorrego, Vicente Chacho Peñaloza, Facundo Quiroga fueron exponentes de una forma de conducir donde lo prioritario era la lealtad al caudillo. Su poder dependía de su prestigio o carisma.

Es una forma de gobierno paternalista que se dice protector del interés común que a su ver es el del pueblo que dice representar.

Carece de controles legales o de responsabilidad dado que los requerimientos establecidos son los del propio conductor en quien el vulgo deposita su destino.

Este sistema era propio de sociedades poco desarrolladas.

Suelen sentirse representantes de lo tradicional y autóctono en oposición a la ilustración, lo foráneo y lo que implique un cambio profundo en la forma de concebir y enfrentar la realidad.

Esta forma de ver las cosas y manejar el poder está profundamente arraigada en los Estados provinciales sobre todo del norte argentino.

Con la consolidación de la República se fue diluyendo este concepto, pero está en el ADN de la población.

Es así como seguimos hablando de irigoyenismo, alfonsinismo, peronismo, menemismo, kirchnerismo, macrismo, mileismo para definir una administración en lugar de referirnos al gobierno de la UCR, el Justicialismo, Juntos por el Cambio o La Libertad Avanza.

Sin embargo, este estigma es común a otras sociedades cuando las condiciones del entorno lo facilitan: crisis económicas, falta de liderazgo y cohesión de los partidos democráticos, población empobrecida, embrutecida o resentida por algún acontecimiento histórico y sensible a la propaganda de facciones proclives al culto a la figura de su líder.

En los primeros treinta años del siglo XX surgieron el comunismo y el fascismo como formas de gobierno totalitario.

Desde el advenimiento al poder de Benito Mussolini en 1922, numerosos países adhirieron al régimen de estilo fascista (Alemania, Rumania, Bulgaria, Portugal y España entre otros).

Perón era un admirador de Mussolini,[19] pero no solo él adhirió a ese estilo de gobierno.

Como dice Federico Finchelstein (2010):

> *Hubo un fascismo autóctono que permeó a distintas ideologías y en distintos momentos de nuestra historia, desde el peronismo al antiperonismo, desde el nacionalismo católico a la concepción represiva de la última dictadura.*

[19] https://www.infobae.com/sociedad/2019/09/29/peron-un-militar-admirador-de-mussolini-y-de-hitler-que-llego-a-la-politica-a-traves-de-un-golpe-de-estado/. Perón escribió en una carta a su cuñada María Tizón Erostarbe: "El fascismo es un gran movimiento espiritual contemporáneo, lógica reacción contra un siglo de materialismo 'comunizante'" y "Este gran hombre que es Mussolini sabe lo que quiere y conoce bien el camino para llegar a ese objetivo".

Entre las características del fascismo, cabe destacar:

- Concentra todos los resortes del Estado en un líder supremo, que exige obediencia absoluta a sus subordinados. (Duce en Italia, Führer en Alemania, Conducator en Rumania, Conductor en Argentina).
- Se lo considera infalible, por lo que nadie puede cuestionar sus decisiones. Jamás reconoce que se equivoca y permanentemente busca la causa de sus errores en los otros.
- Rechaza el sistema democrático al proclamar al partido oficial como el único habilitado para actuar legalmente en la vida política y ocupar los cargos del Estado. Esta pretensión de que un único partido representara los intereses de toda la sociedad hizo del fascismo un movimiento totalitario.

  Este concepto de partido único es compartido por el comunismo, en el otro supuesto extremo ideológico.
- Es un régimen plebiscitario. El logro de una mayoría en las urnas sustenta su mito de que son el pueblo. Si logran la mayoría en el Congreso este se convierte en una mera escribanía del Ejecutivo. Cuando son derrotados en las urnas, caen en actos violentos y antidemocráticos y plantean que el pueblo ha sido confundido por los medios hegemónicos.
- Persigue, estigmatiza y reprime a los opositores, que son considerados enemigos del pueblo, los antipatria.
- Exalta la idea corporativista frente a la de individuo o intereses de clase.
- Fomenta los ideales racistas. Promueve la discriminación y persecución de los grupos que amenazan la idea de una nación unida.
- Manipula los medios de comunicación para obtener el apoyo popular. Persigue a los medios no alineados con el pensamiento oficial.
- Controla la educación para exaltar las ideas de patria, nación y la ideología imperante, así como la vanagloria de la imagen del

conductor. Infiltra los centros de estudiantes con el objeto de adoctrinar a los futuros militantes.

Se da una dicotomía en la imagen que tenemos en el exterior.

Por un lado, somos admirados individualmente (Favaloro, Borges, Ginastrera, Milstein, Martha Argerich, Quinquela, Roux, Messi, Ginóbili, De Vicenzo, Fangio, y otros), pero prejuzgados colectivamente.

Nos ven como soberbios, prepotentes, confianzudos. ¿Quieres ganar dinero? Compra a un argentino por lo que vale y véndelo por lo que cree que vale. Este es un chiste que se repite a lo largo de toda América Latina y España. Muchos piensan que los argentinos llevamos un enano fascista dentro y que nos dedicamos a enfrentamientos estériles en vez de trabajar en la búsqueda de una salida común. Ya en la década de los 30, José Ortega y Gasset alentaba a los argentinos a dejarse "de cuestiones previas personales, de suspicacias, de narcisismos" y nos decía: "Argentinos, a las cosas".

No es de extrañar que en algunas series de Netflix el papel de tránsfuga sea un argentino; por ejemplo, el personaje interpretado por Tom Leeb en *Ricos y malcriados*.

Como puede verse entonces, nuestro problema es cultural y depende de nuestra escala de valores.

Como se insiste en la formación de evaluadores del Premio Nacional a la Calidad para el sector público: los valores los transmiten los líderes a través del ejemplo y la práctica.

Los padres, los maestros, los personajes destacados de la sociedad, los funcionarios públicos son las personas que más inciden en nuestra escala de valores.

Cuando ellos dicen una cosa y hacen lo contrario, generan un mensaje confuso que distorsiona dicha escala.

Competencia es para el reporte técnico ISO TR 10015: "La aplicación del conocimiento, habilidades y comportamientos al desempeño".

Para la norma ISO 9000:2015, es la capacidad para aplicar conocimientos y habilidades con el fin de lograr los resultados previstos.

Los conocimientos surgen de la aplicación de la información a lo que hacemos; las habilidades se logran con la reiteración de las tareas y lo llamamos experiencia, pero la conducta o comportamiento dependen de los valores que sostienen nuestro accionar.

Stephen R. Covey (1997) plantea que todos nosotros respondemos en el día a día en función de dónde estamos enfocados. Nuestros focos pueden ser de los más diversos: la pareja, los hijos, la familia, los amigos, los enemigos, el trabajo, el jefe, el dinero, los bienes materiales, las posesiones, el poder, el placer, las creencias, las supersticiones, los prejuicios. De allí que, si nuestro foco es la pareja, trabajamos para ganar dinero y darle los gustos; pero, si el dinero es nuestro foco, la pareja es un gasto.

Covey plantea que el verdadero foco deben ser los principios y, si nos apoyamos en ellos, podremos, de ser aplicable, decirles no a nuestra pareja, a nuestros hijos, a nuestros amigos, a nuestro jefe, a las autoridades, a la comunidad, y tener la capacidad de argumentar por qué.

Los valores los aprendemos de la conducta de nuestros padres y maestros, luego nos influyen los referentes comunitarios y de los ámbitos en donde nos desarrollemos.

Kaoru Ishikawa afirmaba: "La calidad empieza con la educación y termina con la educación".

Domingo Faustino Sarmiento, el gran maestro de las Américas, decía: "Todos los problemas son problemas de educación".[20]

A la calidad se la conoce por los resultados y es obvio que estos no han sido muy buenos. Es entonces fácil deducir que la incompetencia de nuestros funcionarios y otros referentes con poder (sindicalistas, empresarios, representantes de ONG, religiosos, etc.) es la causa.

[20] Inscripta en una placa de la plaza central de San Juan junto al monumento al gran sanjuanino.

La falta de competencia de estos individuos nos ha costado a los argentinos mucho más que su propensión a la corrupción que en algunos casos es destacable.[21] [22] [23]

La toma de decisiones basada en interpretaciones de sus percepciones erróneas de la realidad los lleva a cometer fallas sin sentido y muchas veces disparatadas que resultan difíciles de entender a los intelectuales, gobernantes y profesionales de países avanzados.

Por lo tanto, lo que se conoce en gestión integrada como gestión y desarrollo del factor humano es fundamental. Para aquellos que deseen dedicase a la cosa pública, debería ser obligatorio que pasen por una escuela de la función pública antes de presentarse a cualquier cargo.

Pero la evaluación final la hacemos los ciudadanos que con nuestro voto y acciones debemos controlar el adecuado ejercicio del poder por los mandatarios en los que confiamos la gestión de gobierno, tanto a nivel municipal como provincial o nacional, y hacer conocer nuestra disconformidad en caso de que detectemos desvíos inaceptables.

Un pueblo ignorante es incapaz de ejercer esta función y será sometido reiteradamente a la ignominia de la dictadura o la tiranía.

J. B. Alberdi *dixit*: "Elegir es discernir y deliberar. La ignorancia no discierne, busca un tribuno y toma un tirano. La miseria no delibera, se vende".

[21] En septiembre de 2023 la magistrada Loretta Preska del juzgado de Nueva York condenó al Estado argentino a pagar una indemnización de más de US$ 16 mil millones al fondo Burford Capital por la estatización de YPF, por un grosero error de criterio del ministro de Economía de Cristina de Kirchner, Axel Kicillof. https://chequeado.com/el-explicador/claves-para-entender-el-fallo-contra-la-argentina-por-la-expropiacion-de-ypf/

[22] El exsecretario de Comercio Interior Guillermo Moreno está imputado junto a la xdirectora del Índice de Precios al Consumidor (IPC) del Instituto Nacional de Estadísticas y Censos (INDEC) Beatriz Paglieri y las empleadas Marcela Lucía Filia y María Celeste Cámpora Avellaneda por distorsionar *ex profeso* los datos del INDEC. https://www.fiscales.gob.ar/fiscalias/manipulacion-de-datos-en-el-indec-comenzo-el-juicio-contra-guillermo-moreno-y-tres-funcionarias-del-organismo/

[23] Argentina debe pagar, en Londres, US$ 337 millones por distorsionar los datos de Indec durante el kirchnerismo. La sentencia total alcanzaría US$ 1500 millones. Clarín. 1/07/24.

La democracia republicana es un lujo que solo pueden darse los pueblos educados y cultos, con las necesidades básicas satisfechas.[24]

Los atenienses utilizaban un término: ἀρετή *aretḗ* 'excelencia', cuya raíz, *aristós*, implicaba lo mejor. Esta se obtenía mediante la adecuada educación. Implicaba capacitarse para pensar, hablar y obrar con éxito.

Hipias de Ëlide planteaba tres virtudes específicas de la excelencia ciudadana (Marrou 2004):

1. *andreía* (valentía/coraje) necesaria para liderar los cambios que fueran necesarios;
2. *sofrosine* (moderación o equilibrio) para la toma de decisiones ecuánimes;
3. *dicaiosine* (justicia) para poder determinar lo correcto de lo incorrecto y ser justo en la toma de decisiones.

Platón habló de las cuatro virtudes cardinales: la prudencia, a fin de evitar riesgos innecesarios; la fortaleza; la templanza, para sostener los principios ante la adversidad; y la justicia.

Entre los romanos se hablaba del *virtus*, dignidad, honor u hombría de bien.

Los primeros que deben darse cuenta de que tienen que cambiar son nuestros líderes y asumir, con humildad, la necesidad de formarse para enfrentar el cambio que ellos mismos deben dar.

La apología del "pobrismo"[25]

Desde fines del siglo XIX hasta el advenimiento del peronismo al poder, la Argentina era vista, tanto desde Europa (devastada por dos guerras mundiales, la guerra civil española, hambrunas en Ucrania, el impacto del holocausto judío y de los genocidios armenio y sirio, y otros

[24] Roberto Rubén Pittaluga. Conferencias de Sensibilización e Introducción a la Serie de Normas ISO 9000:2000 en Salud y Administración Pública. Costa Rica. 23/11/2003.

[25] Mira, Carlos. La enfermedad argentina. The Post. 8/10/19.

terribles acontecimientos) como desde América Latina, no solo como el granero del mundo, sino un país de oportunidades.

Esos inmigrantes venían con la cultura del trabajo y con gran esfuerzo lograron mejorar la calidad de vida propia y de su descendencia en un entorno que favorecía la evolución social ascendente. El sueño del "hijo doctor" estaba arraigado en lo más profundo de sus anhelos y una o dos generaciones hicieron sacrificios para que se pudiera concretar esta visión.

Nadie recibía subsidios del Estado y, si no se trabajaba, no se comía.

El padre de familia era claro en su mandato cuando un hijo alcanzaba la mayoría de edad: o estudia o trabaja, en casa no había lugar para vagos.

Pero desde la revolución de 1943 y más aún desde 1946, cuando asumió el poder el peronismo, se comenzó a inculcar la idea de que había que combatir al capital, que los pobres eran los elegidos, y que todos los ricos son oligarcas, que los comerciantes son especuladores y acaparan su mercadería a los efectos de lucrar a expensas de los pobres, que los empresarios son explotadores, etc.

En la década de los 70, parte de este movimiento se vio infiltrado por ideas guevaristas y la patria peronista se enfrentaba con la patria socialista a expensas de todos los argentinos· La masacre de Ezeiza y los enfrentamientos entre la triple A y los montoneros y otros grupos subversivos son evidencia de esto.

Las malas políticas económicas y educativas hicieron que los asentamientos marginales (villas de emergencia) comenzaran a crecer en número y volumen. Con ellos, el nivel de pobreza e ignorancia se incrementó.

En vez de generar una cultura del trabajo y el esfuerzo genuino, se hizo del pobrismo un sistema perverso en el que, a través de subsidios y prebendas, se mantuvo a una parte de la población dependiente de la voluntad de los punteros que dominan sus acciones a cambio del aseguramiento de un sistema de subsistencia.

Con la crisis del 2001, la organización de los movimientos piqueteros y la pésima política llevada a cabo por el kirchnerismo, y lamentablemente sostenida durante el gobierno de Cambiemos, no hizo otra cosa que dar identidad y poder a un grupo de personajes que, mediante el manejo de una caja millonaria, terminó de sumir a millones de argentinos en un sistema perverso de dependencia y pérdida de la dignidad del trabajo. Aunque durante el gobierno de La Libertad Avanza se eliminó la intermediación y recortaron esos subsidios en muchas provincias, continúa la política clientelar.

Para agravar esta situación, el papa Francisco I, argentino y con simpatía por el peronismo[26], fogueó desde el Vaticano y sus dependencias en el país la idea de la dignidad de la pobreza y la ignominia de la riqueza.[27] [28] [29]

Además, brindó su apoyo explícito a los movimientos sociales, sobre todo a la Unión de Trabajadores de la Economía Popular (UTEP) dirigida por Juan Grabois.[30]

[26] https://www.cronista.com/3dias/Francisco-y-su-verdaderovinculo-con-Guardia-de-Hierro-20170217-0003.html Comentario sobre el libro *Guardia de Hierro. De Perón a Begoglio,* de Alejandro C. Tarruella editado por Punto de Encuentro. "Nadie tenía dudas de que Bergoglio, como el padre Hernán Benítez que pertenecía a la misma orden, tenía una profunda afinidad peronista. Algunos interlocutores políticos recuerdan sus reflexiones con frase completas de Perón, Evita o el mismo John William Cooke". Sin embargo, el autor comenta que Bergoglio no habría pertenecido a la Guardia de Hierro aunque tenía contactos con algunos de sus miembros.

[27] "La convivencia entre riqueza y pobreza es un escándalo, es una vergüenza para la humanidad". (Papa Francisco, Audiencia general, 2 de diciembre de 2015).

[28] "Luchad contra la pobreza y, al mismo tiempo, aprended de los pobres". (Papa Francisco, Discurso a los miembros del Consejo de Representación y personal de Caritas Internationalis, 17 de noviembre de 2016).

[29] "Los tiempos nos hablan de mucha pobreza en el mundo, y esto es un escándalo. La pobreza del mundo es un escándalo. En un mundo donde hay tantas, tantas riquezas, tantos recursos para dar de comer a todos, no se puede entender cómo hay tantos niños hambrientos, que haya tantos niños sin educación, ¡tantos pobres! La pobreza, hoy, es un grito". (Papa Francisco, Diálogo con los estudiantes de las escuelas de los jesuitas – Preguntas y respuestas, 7 de junio de 2013).

[30] Perfil, 7/10/21: "El Papa Francisco recibió a un hombre cercano a Juan Grabois y bendijo a la economía popular".

"En el comienzo de la campaña electoral, el **Papa Francisco** se reunió en la isla de San Marta con los **movimientos sociales** argentinos y dejó en claro su apoyo. En el encuentro con **Lucas Pedró, el secretario de Culto de la Unión de Trabajadores de la Economía Popular**

Así, durante varias generaciones se ha arraigado en muchos argentinos la idea que ser pobre da derechos y exime de obligaciones; que el que genera riqueza mediante su trabajo, inversión de capital, esfuerzo o emprendimiento es un negrero que explota a los trabajadores y que el que genera riqueza mediante la explotación del campo es un oligarca especulador.

Mientras tanto, por otro lado, hay funcionarios públicos, políticos, sindicalistas y empresarios corruptos que se vuelven multimillonarios a expensas del Estado y esas mismas personas siguen defendiéndolos a capa y espada contra el embate de los que llaman medios hegemónicos y los grupos de poder concentrados e imperialistas y su justicia adicta.

Es sorprendente, como afirma Mira (2019) que "no se observan condenas firmes contra los que, incluso obscenamente, pavonean la riqueza que hicieron como consecuencia de actividades ilícitas, provengan ellas de la corrupción pública... o de actividades delictivas "privadas" como los narcotraficantes o los delincuentes comunes".

El nivel de impunidad alcanzado por estos grupos delictivos privilegiados ha llegado a tal extremo que incluso muchos de aquellos que recibían subsidios y la clase media se hartaron, y en las elecciones de 2023 prefirieron optar por la incertidumbre de ser gobernados por un *outsider* disruptivo y sin estructura que asegurara la gobernabilidad a sostener un sistema perversamente corrupto.

Los países capitalistas con compromiso social que poseen gobernantes honestos y calificados, y un pueblo culto y educado son el ejemplo. Mientras no superemos estos estigmas culturales mediante planes educativos a largo plazo no tendremos futuro.

Una consecuencia grave de esta ideología que sobrevalora la pobreza es que le quita impulso a una educación que permita cambiar de estatus social. Como bien dice Guillermina Tiramonti (2022)[31]: "Simulamos que

(UTEP) y con la embajadora argentina ante la Santa Sede, Fernanda Silva, Bergoglio bendijo rosarios para llevar a los trabajadores de los Movimientos Populares".

[31] Guillemina Tiramonti es politóloga recibida en la Facultad de Derecho de la UBA, máster en Educación por la Facultad Latinoamericana de Ciencias Sociales (FLACSO) y miembro del Club Político Argentino y La Coalición por la Educación.

incluimos y educamos a los chicos de cualquier origen sociocultural, pero esto no sucede".

Otro concepto mencionado por la autora en *El gran simulacro. El naufragio de la educación argentina* es el de "pedagogía de la compasión" en base a la cual muchos docentes, en nombre de un mal entendido progresismo, se focalizan más en contener y comprender a los niños pobres, y se inhiben de exigirles en materia cognitiva condenándolos a la no adquisición de los recursos que se requieren para poder incorporarse al mundo de los integrados. Sostiene la autora:

> *Se afirma que los pobres son más solidarios, más comprensivos, menos codiciosos, tiene más amor a la familia y son más felices porque viven de acuerdo a sus sentimientos. Y los ricos son malos, codiciosos, poco solidarios. Así no hay estimulo ni razón para cambiar de posición social.*

Estos prejuicios irracionales han calado hondo en varias generaciones quedando anclados en la pobreza no solo material, sino intelectual y son la base de sustentación de los procesos autocráticos que ha padecido y padece nuestra nación y muchos países de América Latina.

La dificultad para reconocer los errores y aprender de ellos

Un serio problema que evidencia una masa crítica de argentinos es su dificultad para reconocer que se han equivocado e insistir en repetir los errores del pasado.

En gestión, un error, una falla, un desvío, una queja son posibilidades de mejora.

Shewhart y Deming[32] [33] afirmaban que el uso de procesos estructurados daba mejores resultados que los no estructurados. De allí que es mucho más efectivo y seguro planificar, hacer, verificar y actuar antes

[32] Escuela europea de excelencia. ¿En qué consiste el ciclo PDCA para la mejora continua? 28/7/20.

[33] El ciclo de Shewhart. Praxis. https://www.praxisframework.org/es/library/shewhart-cycle.

que lanzarse a hacer las cosas sin pensarlas bien y esperar resolver los problemas sobre la marcha.

Verificar implica comparar los resultados de lo hecho con lo esperado y, si el resultado es inconveniente, analizar las causas y tomar acciones correctivas para evitar que vuelva a repetirse. Esto requiere de humildad, disciplina, respeto de las normas y clara definición de los objetivos a alcanzar.

Muchos argentinos, en la soberbia de su ignorancia, no solo no aceptan que se han equivocado, sino que buscan las causas de sus fallas en los otros.

Es común que la falta de capacidad de los funcionarios responsables de la gestión pública, muchas veces combinada peligrosamente con su narcisismo, los lleve a tomar decisiones catastróficas y además echarle la culpa a la sequía, a la pandemia, a la guerra en cualquier lugar del mundo, al FMI, a los grupos concentrados de poder, al periodismo, a la oposición, al campo, o a lo que fuera, pero nunca hacer un *mea culpa* ejemplificador.

Como dice Hatum (2023): "En tiempos de incertidumbre [...] tener un narcisista egocéntrico e inútil es un misil de cabeza nuclear que nos hace volar en pedazos".

Nuestro problema es que hemos volado en pedazos varias veces y seguimos eligiendo al mismo tipo de personajes.

Estas falencias conductuales, insisto, se superan solo con más y mejor educación durante varias generaciones.

La incapacidad para la negociación efectiva de los líderes

Una negociación efectiva debe cumplir con las siguientes características.

1. Positiva: los involucrados en la negociación deben tener la postura de contribuir aportando alternativas superadoras buscando soluciones factibles y no ideales.

2. Práctica: focalizarse en la prevención de los conflictos y problemas y, cuando no sea posible, en la búsqueda consensuada de soluciones con el foco puesto en las necesidades de los beneficiarios/clientes/usuarios del proceso o sistema teniendo en cuenta los intereses de todas las partes interesadas, pero sin anteponerlos.
3. Fluida: los canales de comunicación deben estar abiertos en todas direcciones.
4. Constante: las partes deben estar abiertas a comunicarse cuando sea necesario.
5. Holística: deben considerarse las causas fundamentales del problema, pero también las condiciones del entorno en que se aplicarán las medidas preventivas o correctivas surgidas de la negociación.

Huntington (1993) consideró que las líneas de quiebre a partir de la posguerra no surgirían de la política o la ideología, sino de la cultura. Aseveró que el vínculo de cohesión de las grandes masas de personas es su acervo común –idioma, historia, tradición y religión–, y eso fomenta la visión del otro como potencial adversario al no compartir la misma "civilización".

Esto justificaría, por ejemplo, la invasión de Ucrania por parte de Rusia y el antagonismo entre las dos Coreas, o la confrontación política y económica entre EE.UU. y China.

Sin embargo, no tiene en cuenta que se han dado y continúan dándose numerosas situaciones en las que las luchas, armadas o no, suceden dentro de un mismo país, donde se supone que se compartiría una cultura uniforme.

Como dice Ohmae (1997), las personas normalmente luchan cuando sus líderes políticos y militares dilatan unas diferencias diminutas para poder agitar un odio latente y no cuando las civilizaciones chocan.

Los lideres inteligentes, proactivos y patriotas convencen a sus pueblos de la conveniencia de trabajar todos juntos aun cuando existan disidencias anteponiendo los intereses de la Nación a los de la facción.

Los ejemplos de conflictos internos innecesarios en la historia argentina son numerosísimos y los menciono a lo largo de todo el libro.

La perversidad de los sistemas

El segundo componente oculto bajo las aguas y difícil de percibir es el estructural.

Nuestras acciones y las de gobierno son procesos. El conjunto de procesos que se interrelacionan con un fin, junto a los recursos, las persona, la información y la infraestructura requeridos constituyen un sistema.

La sociedad argentina es un sistema complejo constituido por varios subsistemas. Los de salud, educación, seguridad, producción, justicia, defensa, etc. son subsistemas que interactúan, se complementan, se suplementan y muchas veces comparten objetivos, recursos e información.

Los sistemas tienen por objeto satisfacer las necesidades y expectativas de aquellos que reciben los productos y servicios resultantes de los procesos que los conforman contemplando las de las otras partes interesadas relacionadas.

Cada uno de ellos debe estar orientado a satisfacer las necesidades y expectativas del beneficiario del sistema.

El problema de la Argentina es que sus subsistemas son PERVERSOS.

Ejemplo: El beneficiario del sistema educativo es el educando.

Éste debería recibir una formación adecuada en un ámbito propicio a su desarrollo personal. La formación adecuada sería aquella que le permita en el futuro desarrollarse como persona librepensadora y con habilidades para prevenir y resolver problema, encarar con éxito su vida y su trabajo a nivel nacional e internacional en el marco del respeto de las normas, el ambiente y las demás personas.

Para ello, deben coexistir programas educativos modernos, planes de acción adaptados a las circunstancias del lugar en que se lleven a cabo los procesos de enseñanza-aprendizaje, docentes bien formados y pagos, escuelas con la infraestructura necesaria, cumplimiento estricto del calendario educativo, becas para el apoyo a los educandos con menos posibilidades socioeconómicas y para el perfeccionamiento de posgrado tanto para los docentes como para los egresados, e interacción con el mundo del trabajo y la comunidad para el desarrollo de experiencias prácticas.

De allí que todas las partes interesadas (educandos, educadores, personal no docente, familia, sindicatos, empresarios, asociaciones sociales civiles, municipios y funcionarios de las Secretarías y Ministerios, y otros) deban enfocarse en colaborar para alcanzar los resultados deseados.

Sin embargo, no solo a la educación, sino a todos los demás subsistemas años de decadencia los han pervertido.

Esa perversión se basa en que están deformados por responder a los intereses de aquellos que son algunas de las partes interesadas en dicho sistema (sindicatos, empleados, proveedores, directivos, financiadores) privilegiando sus intereses a los de los usuarios.

De allí que la solución en muchos casos no sea una simple mejora, sino una reingeniería en el marco de un sistema de gestión integrado e integrable donde todos los subsistemas se potencien entre sí aumentado recíprocamente su eficiencia.

Este tema lo desarrollaré más en profundidad en los capítulos 7 al 15 del segundo volumen.

El problema es…

¿Cuántos de nuestros dirigentes entienden estos conceptos y están en condiciones de aplicarlos?

¿Cuántos están dispuestos a aprender y cambiar?

¿Cuánto de todo esto está contemplado en los contenidos curriculares de los diferentes niveles de educación continua y permanente, formal e informal, en las plataformas de los partidos políticos, en los presupuestos elevados por el Poder Ejecutivo al Legislativo, en el marco regulatorio legislado en el Congreso, en las políticas de Estado?

Todos los miembros de las organizaciones públicas y privadas deberían contar con cuatro componentes en su perfil:

1) El relacionado con la naturaleza de su tarea.
2) Las herramientas de gestión aplicables.
3) Las herramientas informáticas aplicables.
4) Si aplica, el o los idiomas requeridos para su función.

Como ejemplo, un canciller debería tener los estudios y experiencia requeridos para las relaciones internacionales, conocer de gestión pública, tener un buen manejo de la tecnología de la información aplicable a su tarea y, por supuesto, ser polígloto.

En nuestro país, los ejemplos de incompetencia, sin contar los de la corrupción, son notables en los cuadros de todos los partidos políticos, de los sindicatos, las empresas, las profesiones y las actividades más diversas.

En los próximos capítulos, analizaremos cada uno de los principios de gestión y cómo su aplicación puede ser útil para enfrentar los desafíos actuales.

Capítulo 2
LA ESFERA

Después de la caída del muro de Berlín y la implosión de la Unión Soviética, algunos pensaron que se estaba viviendo el fin de las ideologías, ya que consideraban evidente el triunfo definitivo del capitalismo liberal sobre el comunismo (Fukuyama, 1992).

En los albores de la Revolución francesa, en la Asamblea de los Estados Generales, en 1789 los monárquicos se sentaron a la derecha y los republicanos o revolucionarios, a la izquierda (oh, sorpresa: eran liberales)· A partir de allí, se ha asociado la "derecha" con lo reaccionario o el conservadurismo; en tanto que, a la izquierda, con el cambio social, el progresismo y, desde la Revolución bolchevique, con el socialismo y el comunismo.[34]

Hoy, más de 230 años después, todavía hay personas que definen las posturas políticas como de derecha o izquierda.

El lineal esquema ideológico de derechas e izquierdas es absolutamente anacrónico y falaz. Y no puede explicar las características complejas de las sociedades actuales.

Como dijo Ortega y Gasset:[35] "Ser de la izquierda es, como ser de la derecha, una de las infinitas maneras que el hombre puede elegir para ser un imbécil: ambas, en efecto, son formas de la hemiplejía moral".

Plantarse en los extremos implica que una manera de pensar es contraria a la otra e impide observar y aprender los puntos de vista y los valores positivos del otro supuesto bando.

[34] Matías Gali: Izquierda y derecha: ¿cuáles son sus orígenes políticos? https://www.laizquierdadiario.com

[35] Mimenza Castillero, Oscar. 80 frases de José Ortega y Gasset para entender su filosofía Este famoso filósofo español ahondó en temas como la identidad, la ciencia y la felicidad. https://psicologiaymente.com/reflexiones/frases-jose-ortega-gasset. 2022.

Así MUCHAS personas se convierten en "anti" y esto es, como le escuché decir en una entrevista televisiva en la década de 1960 a Julián Marías, muy pobre intelectualmente ya que consiste en el estéril trabajo de oponerse a los argumentos del otro sin plantear lo que es realmente positivo; alternativas superadoras.

Es cierto que el peronismo ha sido un movimiento cuyos gobernantes han contribuido enormemente a la decadencia progresiva de la calidad de vida en la Argentina.

Pero también hay mucha evidencia de que las posturas "antiperonistas" han contribuido a dicha decadencia y a la permanencia durante décadas en el poder de aquellos a quienes supuestamente han combatido.

Las proscripciones, los golpes de Estado y las persecuciones no han hecho más que darles argumento para victimizarse y muchas veces utilizar esa situación para justificar sus acciones violentas contra aquellos que piensan distinto.

El fascismo y el comunismo han fracasado estrepitosamente. Han llevado a la humanidad al caos y a la destrucción sometiendo a millones de personas al sufrimiento y la muerte, y destruyendo la esperanza y la calidad de vida de generaciones.

Por otra parte, el capitalismo salvaje no ha hecho otra cosa que aumentar de forma soez la brecha entre ricos y pobres.

Mientras los magnates rusos, árabes, orientales y occidentales navegan en yates imponentes, millones de seres humanos naufragan en la pobreza, la marginalidad y la ignorancia.

Cuando analizamos las naciones con mejor calidad de vida, libertad de expresión y equidad en la distribución de la riqueza, vemos que tienen en común, al menos, diez variables.

1. Son democracias consolidadas.
2. Son repúblicas o monarquías constitucionales que respetan la división de poderes.
3. El nivel educativo y cultural de sus pueblos es elevado. El foco está puesto en la formación de librepensadores con amplio acceso

a la información y desarrollo del conocimiento, la innovación, la creatividad y el debate dialéctico de las ideas. La inversión en educación es una parte sustancial de sus presupuestos. La inversión en investigación está enfocada en el desarrollo sustentable, el registro de patentes innovadoras, y la mejora de la calidad de vida de los ciudadanos.

4. Se respeta al individuo, pero se comparte el sentido de comunidad buscando el equilibrio entre los intereses sociales y personales.
5. Se promueve el desarrollo de la economía en concordancia con la protección del medio y reduciendo al mínimo el impacto ambiental.
6. La profesionalización de los políticos apunta a una eficaz y eficiente administración de los recursos públicos.
7. Hay transparencia en la gestión de los datos y accesibilidad a la información relacionada con los gastos de gobierno.
8. Hay respeto del disenso y la libertad de expresión.
9. Son Estados seguros con bajo índice de criminalidad.
10. Se reconoce al talentoso y se premia el mérito. En el Estado se promueve la promoción por carrera, así como la igualdad de posibilidad de acceso a la información y el conocimiento.

En el otro extremo observamos países donde imperan, al menos, diez variables negativas.

1. Son regímenes plebiscitarios no democráticos. Las elecciones no son transparentes y solo sirven para convalidar al líder y los excesos del régimen.
2. Son autocracias, dictaduras o tiranías laicas o teocráticas o monarquías absolutas dominadas por líderes omnipotentes y tóxicos.
3. La educación está centrada en el adoctrinamiento dogmático, la exacerbación de nacionalismo, la vanagloria del líder de turno y el fanatismo político o religioso. El foco está en la generación del pensamiento único. La investigación se orienta al aumento de la capacidad de daño en casos de conflictos bélicos.

4. Se somete al individuo en pos del "bien de la Nación o del pueblo" o del respeto de "los preceptos divinos". Hay una pérdida de las libertades y derechos básicos. No se respeta a las minorías o se las usa para sustentar un relato que fortalezca al régimen.
5. No hay conciencia del impacto ambiental. Se impone la actividad económica a cualquier precio.
6. Los políticos constituyen una corporación cuyo objetivo es vivir a expensas del Estado y ostentar poder y privilegios. Se naturaliza la corrupción. La incompetencia de los funcionarios genera perjuicios aún superiores a los de la corrupción. Se accede a los cargos por "militancia" o "pertenencia" o "lealtad al líder" y no por méritos, capacidad o concursos claros. El nepotismo y la cleptocracia son de rigor. Se gobierna a través de las corporaciones y no de las instituciones.
7. No hay acceso a las estadísticas de las acciones de gobierno o se tergiversan para sustentar el relato, el mito y la mentira de la clase gobernante.
8. Impera la censura y no hay libertad de expresión. Se persigue y castiga al disidente que es considerado un enemigo del Estado y del pueblo.
9. Son Estados inseguros, donde el crimen organizado está a sus anchas y cuenta con la complicidad de miembros de las fuerzas de seguridad y armadas, de la justicia y del Gobierno.
10. Se apunta a la mediocridad. Los pueblos empobrecidos y brutos son su base de sustentación.

En la esfera dibujada en la figura 1 se mencionan seis dimensiones que aplican a las sociedades humanas unidas por tres ejes.

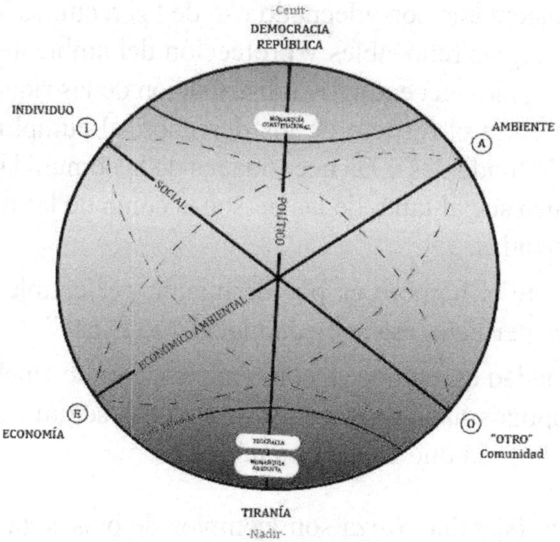

Figura 1. La esfera

El **político** que une el cenit con el nadir (no los llamamos norte y sur por las connotaciones geopolíticas que podría tener esa denominación para mediocres prejuiciosos).

El **ambiental–económico** que a la altura del Ecuador uniría los puntos de referencia A y E.

El **social**, que uniría al nivel de dicha circunferencia los puntos I y O.

Referencias:

Cenit: Democracia republicana

Nadir: Tiranía

Punto A: Ambiente

Punto E: Economía

Punto I: Individuo

Punto O: El "otro". La comunidad.

La sociedad ideal sería el "casquete cenitiano", donde las personas conviven en un sistema democrático y republicano, logran un desarrollo económico sustentable con adecuado uso de los recursos naturales, empleo de las energías renovables y protección del ambiente, la flora y la fauna. Además, hay una equitativa distribución de las riquezas. Se logra un equilibrio entre el respeto de los derechos, el cumplimiento de las obligaciones individuales y las necesidades de la comunidad en el marco del compromiso social tanto de las personas como de las organizaciones públicas y privadas.

Obviamente el hombre es por definición perfectible. Como el ser humano no es perfecto, esa sociedad ideal "no existe".

Toda sociedad es, entonces, como una especie de ameba que extiende sus seudópodos hacia diferentes direcciones según la sumatoria de las acciones de cada uno de sus miembros.

Finlandia, Islandia, Suiza son ejemplos de países que se acercan a dicho ideal.

Algunos otros que están predominantemente en dicha zona conservan el estigma anacrónico de la monarquía, pero son profundamente democráticos y respetan la división de poderes como Canadá, Australia, Nueva Zelanda o Países Bajos y tienen una calidad de vida que atrae a poblaciones de otras nacionalidades

En el otro extremo, Arabia Saudita, China, Corea del Norte, Cuba, Irán, Nicaragua, Rusia, Somalia, Sudán del Norte o del Sur, Venezuela, entre otros, son ejemplos de regímenes autocráticos donde su población sufre, en diferentes medidas y contextos y por diferentes razones, una o más de estas calamidades: el cercenamiento de sus libertades, la persecución, la pobreza, la falta de acceso a una educación moderna, la exposición a desastres ambientales, el impacto del crimen organizado y la corrupción entre otros males.[36]

América Latina en general y la Argentina en particular se debaten en una lucha, a veces solapada y en otras ocasiones abierta, entre el populismo y la democracia republicana. El avance del crimen organizado es obvio y este se sustenta en cuatro pilares:

[36] Ver capítulo 7.

1. La marginalidad y la ignorancia de la población.
2. La ambición y corrupción de sus dirigentes.
3. La mediocridad.
4. La falta de valores de los líderes.

Todos ellos son factores claves de nuestra decadencia.

Solo con educación, educación y más educación podremos salir de este laberinto e impedir que el Minotauro de la droga devore a nuestros jóvenes.

Como paso primordial para el desarrollo de estrategias que lleven a la implementación de políticas públicas sustentables, es indispensable contar con líderes capaces de definir la misión, visión y valores del Gobierno, establecer una política de gestión integrada e integrable, determinar y establecer los objetivos estratégicos, realizar un análisis ponderado por factores de riesgo del entorno en el que se opera dejando en claro las fortalezas y debilidades de dichas organizaciones y las amenazas y oportunidades tanto del ambiente local, como nacional e internacional.

Una vez logrado esto, se podrá plantear un plan de gestión integral, sustentado por un presupuesto y un marco legal coherente, necesario y suficiente para asegurar la gestión eficaz de todos los procesos.

Es fundamental que se negocie con todas las partes interesadas las políticas de Estado requeridas y luego se las involucre en los proyectos según aplique.

Una herramienta útil para el diagnóstico de situación es la matriz **AEIODT 1**, sobre la base de cuyos datos podremos graficar el perfil del país y la sociedad en la que vivimos.

Le propongo a Ud., lector, utilizar dicha matriz, que encontrará en la web www.argentopia.com.ar, y volcar los resultados de su evaluación sobre el Gobierno actual o pasado bajo cuyo régimen le ha tocado vivir. Utilice las variables mencionadas en dicha planilla guiándose por las descripciones de sus características.

Califique de 1 a 10 –10 es *totalmente* y *siempre*, y 0 es *nunca*– el grado en que Ud. piensa que se cumplen dichas variables. A medida que Ud. vaya colocando su puntuación en los campos pertinentes, se irá dibujando un diagrama de radar que, una vez completo, le dará una idea del perfil del Gobierno evaluado.

En la figura 2 puede verse un ejemplo del resultado de una evaluación realizada en junio de 2022.[37]

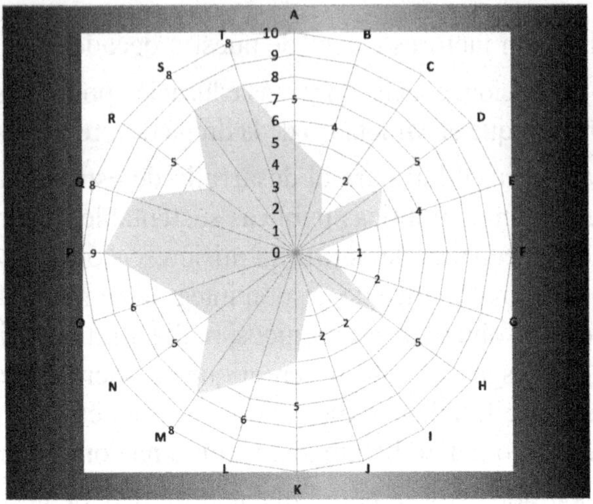

Figura 2. Ejemplo de un ejercicio AEIODT-1
hecho sobre la República Argentina el 20 de junio de 2022[38]

Si realizamos la resta al valor logrado por los resultados positivos de los negativos, vemos un predominio franco de estos últimos. Ver tabla 1.

Resultados positivos	32
[redacted]	
Resultados final	-36

Tabla 1. Resultado final del ejercicio AEIODT-1 del 20-06-2020

[37] En www.argentopía.com.ar se pueden encontrar otros ejemplos.

[38] El presente ejemplo es a ese solo efecto, dado que el número de involucrados fue menor de 10 y homogéneo. El resultado presenta un sesgo y no es reflejo del pensamiento de los argentinos.

Además Ud. tiene, como lector, acceso en www.argentopia.com.ar a otra matriz, similar pero complementaria a la anterior. La **AEIODT 2.**

En ella, identificará el año y Gobierno, y le asignará a cada ítem un puntaje de 0 a 10 según lo correspondiente a cada columna para dicho ítem. Por ejemplo, si considera que vive en una democracia consolidada, puntuará entre 8 y 10 a la primera fila.

Cuando obtenga el promedio general, podrá comparar con la siguiente tabla.

AÑO-Gobierno	VALOR	Democracias consolidadas			Democracias deficientes		Regímenes intermedios con tendencia a la autocracia			Autocracias-Dictaduras-Tirtanías-Teocracias		
		10	9	8	7	6	5	4	3	2	1	0
PROMEDIOGENERAL												

Tabla 2. Categorización de los gobiernos en función de los resultados obtenidos en el test realizado con la matriz AEIODT-2

Las dimensiones para calificar son las siguientes:

1. Índice democrático
2. División de los poderes
3. Educación
4. Investigación
5. Salud
6. Individuo-sociedad
7. Ambiente
8. Política
9. Transparencia
10. Libertad de expresión
11. Seguridad
12. Economía

Tabla 3. Dimensiones para evaluar en el AEIODT-2

Utilice esta información como uno de los "*inputs*" para realizar el FODA ponderado por factores de riesgo del capítulo 3 y proceda de acuerdo con lo allí indicado.

En la medida en que sustente cada evaluación en datos e indicadores verificables, logrará un resultado más objetivo; caso contrario, será una imagen de la interpretación de la percepción de la realidad que Ud. y/o el grupo participante tengan.

En ambos casos será útil; aunque el nivel de certidumbre de un resultado adecuado de sus decisiones será distinto pues estará seguramente sometida a un sesgo, que, si es muy grande, lo inducirá a respuestas silogísticas con consecuencias no deseadas.

Por supuesto, cuanto mayor y amplio sea el universo de individuos involucrados, más cercano a la realidad será el resultado.

Solo a modo de ejemplo, muestro una tabla con resultados respecto a los Gobiernos de Cristina Elisabeth Fernández (2014), Mauricio Macri (2017), Alberto Fernández-plena pandemia (2020), Javier Milei (septiembre de 2024 y octubre de 2025 preelecciones) entre 10 personas que habían votado por Cambiemos en 2015.

Habrá miles de argentinos que harán otros diagnósticos según la interpretación de su percepción de la realidad y de sus afinidades políticas. Seguramente, entre peronistas K o libertarios o militantes de izquierda, el resultado será muy distinto.

Por eso es una obligación de los gobernantes tratar de que se realicen muestras amplias y representativas de todos los niveles socioeconómicos e inclinaciones políticas. Solo de esa manera es posible que les resulten útiles estas matrices y que se acerquen lo más posible a la realidad que enfrentan, es decir, con un alto nivel de certidumbre, pues de allí surgirá la calidad de sus decisiones.

Dimensiones	CFK 2014	MM 2017	AF 2020	JM 2024	JM 2025
PROMEDIOGENERAL	4.4	7.3	5.85	7.24	5.3
1. Índice democrático	4.4	8.5	5.9	7.1	6.5
2. División poderes	4.2	8.5	5.7	6.5	7.5
3. Educación	4.7	7	4.7	5.5	6.3
4. Investigación	6.1	5.7	6.5	5.7	3.8
5. Salud	5.5	6.3	3.1	4.2	5.1
6. Individuo-sociedad	4.8	6.7	5.3	6.5	5.3
7. Ambiente	3.9	7.1	3.3	3.9	3.4
8. Política	1.7	6.8	4.7	5.6	3.9
9. Transparencia	1.8	8.3	4.1	4.1	4
10. Libertad de expresión	5.9	9.1	5.9	7.3	3.9
11. Seguridad	5.1	8.3	5	8.1	6.9
12. Reconocimiento	4.2	5.8	4.3	7.9	7.1

Tabla 4. Resultado de la aplicación de la matriz AEIODT-2 entre votantes de Cambiemos en 2015

No llama la atención que en este grupo la situación del país durante los Gobiernos peronistas saque un puntaje tan bajo al igual que el puntaje superior obtenido por la situación durante el Gobierno de Cambiemos. Pero es de destacar cómo la percepción durante el de La Libertad Avanza ha perdido puntaje en casi todos los rubros y su promedio ha descendido desde la calificación de una democracia deficiente a la de un régimen intermedio con tendencia a la autocracia. En ninguno de los cuatro Gobiernos, la situación del país fue considerada una democracia plena por este grupo constituido por personas de clase media con nivel educativo terciario o universitario. Recordemos que la evaluación es del sistema en el que participan los tres poderes de las 24 jurisdicciones. Por lo tanto, la calificación no es solamente la del gobernante, sino de la gobernanza durante ese período.

Insisto: esto es el resultado de un ejercicio a modo de ejemplo. Es importante que, para asegurar un adecuado resultado, las personas que participen tengan la competencia adecuada para interpretar estadísticas y analizar los datos técnicos de referencia. Además, es muy conveniente que participen especialistas en cada dimensión analizada. Cuanto menos se base el ejercicio en opiniones subjetivas y más en datos verificados, menor será el sesgo en el resultado obtenido.

Más allá de que los lectores apliquen estas herramientas, lo más importante es que tengan en cuenta el concepto inicial.

El paradigma de "derechas e izquierdas" es obsoleto y falaz. Por eso es conveniente utilizar otros modelos que permitan considerar dimensiones antagónicas y a la vez complementarias.

La democracia republicana y la tiranía, el individuo y la sociedad, y la economía y el cuidado ambiental, todas ellas, como un todo, interactúan permanentemente y cada uno de nosotros tiene una actitud personal ante ellas. De cómo cada uno de nosotros actúe en consecuencia será el resultado que obtengamos.

Capítulo 3
LOS 15 PRINCIPIOS

"A nivel gobierno, las consecuencias de no adoptar un enfoque de calidad son aún más alarmantes, pues los países que no adopten un modelo de calidad verán el deterioro paulatino e irreversible de la calidad de vida y serán testigos del aumento desenfrenado de la deuda nacional".

W. E. Deming

LOS CONCEPTOS DE GESTIÓN

Al final del capítulo uno hablamos de que un enfoque superador de los problemas que enfrenta la Argentina sería la gestión integrada e integrable de las organizaciones tanto públicas como privadas, con y sin fines de lucro. Esta gestión se sustenta en quince principios que describiremos sintéticamente en este capítulo para luego desarrollarlos en los posteriores.

Antes es importante aclarar algunos conceptos.

La decisión de implementarlos, sin dudas, es estratégica y compleja, pero puede contribuir a mejorar el desempeño global y proporcionar una base sólida para las iniciativas de desarrollo sostenible.

Implementar un sistema de gestión integrado alineado con requisitos y directrices internacionales y nacionales[39] permite:

[39] Normas ISO de producto, buenas prácticas o gestión, requisitos de los premios nacionales, EFQM, organizaciones internacionales como ONU, UNICEF, OPS/OMS, OIT, etc.

a) Proporcionar en forma previsible productos y servicios que satisfagan los requisitos de los ciudadanos, los legales y reglamentarios aplicables, y los establecidos por la propia organización.
b) Contar con información documentada que unifique criterios y aumente la certidumbre de aplicar las mejores prácticas.
c) Facilitar oportunidades de aumentar la satisfacción de las necesidades de los ciudadanos y la mejora de la calidad de vida de las personas.
d) Llevar a cabo las tareas, actividades y procesos bajo condiciones controladas y validadas mediante la toma de decisiones basadas en indicadores y evidencias objetivas.
e) Encarar con cierto nivel de certidumbre los riesgos y oportunidades inherentes.
f) Aplicar adecuadamente los planes de contingencia cuando fallen las medidas preventivas.
g) Demostrar la conformidad con los requisitos del sistema de gestión y, en caso de desvíos, tomar acciones correctivas que no solo eviten la repetición del error, falla o daño, sino aprender de ellos.

Este resumen explora los beneficios de su aplicación sistemática.

En ese sentido es relevante conocer, analizar y unificar criterios respecto al vocabulario[40] y los conceptos que se utilizarán a lo largo de todo el texto. Es el primer paso para que todos entendamos lo mismo cuando hablamos de algo.

Uno de los problemas comunicacionales de los argentinos es que cada uno piensa en algo distinto cuando se utiliza un término. Es indispensable en un contexto cambiante, incierto, con escasez de recursos y riesgoso que todos, al tratar un tema, interpretemos adecuadamente los conceptos relacionados con una palabra.

[40] Norma ISO 9000:2015, vocabulario del Premio Nacional a la Calidad para el sector público.

Calidad

La calidad es el grado en que un conjunto de características inherentes de un objeto cumple con los requisitos[41] *Los requisitos son definidos como la necesidad o expectativa establecida, generalmente implícita (es decir habitual) u obligatoria.*

Una organización pública o privada orientada a la calidad promueve una cultura que resulta consecuencia de comportamientos y actividades para proporcionar valor mediante el cumplimiento de las necesidades de los usuarios/clientes y otras partes interesadas pertinentes.

La gestión de la calidad tiene que ver con todos los elementos que hacemos interactuar a fin de que los resultados de los procesos que definen a nuestra organización se realicen y entreguen en los tiempos previstos, carezcan de defectos y satisfagan a quien lo recibe.

Por otro lado, **la calidad de la gestión** es mucho más abarcadora, ya que implica cumplir con los requisitos de la calidad y, además, los de la seguridad, los ambientales y los económico-financieros con una adecuada gestión de factor humano y la información.

La calidad de la gestión es holística. No puede concebirse como un proceso aislado, llevado a cabo por un grupo selecto dentro las organizaciones, sino que, por el contrario, involucra a todas las partes interesadas.

Se trata de un verdadero desafío "cultural".

Por eso, los resultados deben plantearse y evaluarse a corto, mediano y largo plazo.

Definir dentro de nuestras organizaciones los requisitos de los productos y servicios que se ofrecen involucra a una gran cantidad de personas, que componen las cadenas de valor.

El Estado debe constituirse en el **gran facilitador** de la aplicación de estos modelos tanto en los organismos y dependencias de su incumbencia directa como también del sector privado y de las asociaciones sociales civiles.

[41] Norma ISO 9001:2015 3.6.2.

Mediante las acciones de gobierno a nivel nacional, provincial como municipal deben generarse estímulos a la actualización de competencia de las personas, la innovación, los procesos de mejora y el uso sostenible de los recursos naturales. Es el Estado el que debe establecer una legislación que dé un marco de incentivos y reconocimientos, y métodos de control y fiscalización que aseguren su cumplimiento y eficacia.

Contar con un **sistema de gestión integrado (SGI)**[42] implica que los líderes sean capaces de identificar, describir e implementar procesos que contribuyan a:

Definir la misión, la visión, los valores.

Establecer una política integral e integrable.

Identificar objetivos estratégicos.

Determinar los procesos, recursos y tiempos requeridos para alcanzar los objetivos; es decir, gestionar un plan estratégico.

Asegurar la disponibilidad de los recursos e información requeridos para el adecuado desempeño organizacional.

Asegurar la competencia de las partes involucradas.

Lograr los resultados esperados.

Permitir a la alta dirección optimizar el adecuado uso de los recursos disponibles.

Identificar las acciones para abordar las consecuencias en la provisión de productos y servicios a corto, mediano y largo plazo.

Gestionar los riesgos inherentes a las tareas y asegurar, de ser necesario, la adecuada implementación de los planes de contingencia.

Contar con un **sistema de gestión integrado e integrable (SGIeI)** implica, además, que todo esto se planifique y realice aprovechando al máximo posible la interacción con las redes de individuos y organiza-

[42] Roberto Rubén Pittaluga y Florencia A. Pittaluga. Sistemas de gestión integrados en Organizaciones de Salud. Los diez principios de gestión en Salud. Dossier del Tercer encuentro Mercosur y Primero Iberoamericano de Gestión en las organizaciones de Salud. AMA-IRAM. Asociación médica argentina. Buenos Aires. Argentina. 17 al 19/06/2008.

ciones con un eficiente uso de los recursos comunicacionales y de la información facilitado por el avance de la informática incluida la inteligencia artificial.

Contexto de la organización

Este es un concepto importante, ya que no puede considerarse a una organización aislada del contexto donde se desarrolla.

Comprenderlo permite tener en cuenta las implicancias positivas y negativas del entorno, y poder actuar en consecuencia con mayor grado de certidumbre.

El análisis del contexto es un proceso que determina los factores que influyen en el desempeño global de la organización.

Dentro de los aspectos para considerar, se encuentran, entre otros, hacia dentro de la organización; los valores, el estilo de liderazgo, la estructura, la infraestructura, los procesos y su interacción, la cultura, el conocimiento y las capacidades para alcanzar un adecuado desempeño.

Entre los externos, pueden analizarse, entre otros, los legales, tecnológicos, de competitividad, ambientales, sanitarios, de mercados, políticos, culturales, sociales, gremiales y económicos.

En los servicios públicos, estos aspectos son determinantes, fundamentalmente porque llevar adelante los procesos implica, en muchos casos, un contacto directo entre el personal y los usuarios.

De la característica de este vínculo, depende en gran medida la satisfacción de las necesidades y expectativas de todas las partes interesadas.

Aprender a entender el contexto, que en las diferentes regiones de nuestro país suelen tener cualidades propias, es muy importante. Así podremos plantear acciones adecuadas que respondan a las políticas de Estado y las directrices generales adaptándose a las circunstancias locales.

En Argentina es común ver, por ejemplo, en salud, educación y seguridad que los gobernantes de las provincias confunden autonomía con discrecionalidad.

No es entendible que cada jurisdicción, aún vecinas, tengan sistemas educativos no compatibles, o programas de formación profesional distintos para determinadas carreras, o criterios de remuneración de los funcionarios o de lucha contra el crimen o de promoción de las pymes con diferencias destacables.

Existen múltiples metodologías para el análisis de contexto, entre las que podemos mencionar:

FODA[43]

FODA ponderado[44]

Análisis PEST[45] [46]

Análisis PESTEL[47]

Matriz MEFE (Matriz de Evaluación de Factores Externos)[48]

Matriz MEFI (Matriz de Evaluación de Factores Internos)

Cadena de valor de Michael Porter[49]

Análisis de las partes interesadas (*Stakeholders*)

Tanto en el sector público como en las empresas, hemos usado como parte del diagnóstico de situación el FODA ponderado utilizando las va-

[43] https://www.escuelaeuropeaexcelencia.com/2016/09/analisis-del-contexto-la-organizacion/

[44] Delta Q SRL: Material aplicado en diversos clientes. Combinación de FODA con matriz GUT.

[45] Briones, Diego: "Metodologías para el análisis de contexto". SGM Consutores. México. https://www.sgmconsultores.com.mx/blog/iso-9001/metodologias-para-el-analisis-de-contexto

[46] https://iso4docs.com/algunas-herramientas-para-efectuar-un-buen-analisis-de-contexto/ Políticos, Económicos, Socioculturales, Tecnológicos.

[47] https://iso4docs.com/algunas-herramientas-para-efectuar-un-buen-analisis-de-contexto/ Políticos, Económicos, Socioculturales, Tecnológicos, Ecológicos y legales.

[48] Ruiz Barroeta, Milagros https://milagrosruizbarroeta.com/mefe-y-mefi-herramientas-para-analisis-estrategico/

[49] Porter, Michael E. Estrategia Competitiva –técnicas para el análisis de la empresa y sus competidores.

riables de la matriz GUT[50] (gravedad, impacto o importancia; urgencia y tendencia). Este método nos ha permitido cuantificar los diferentes hallazgos del análisis, por factor analizado y por dimensión. Esto nos ha sido muy útil para priorizar las medidas para tomar según el riesgo implícito.

En un Ministerio de Salud provincial, aplicamos la herramienta en el 2016 y dio este resultado:

Tabla 1: Resultados del FODA ponderado por factores de riesgo.

Infraestructura	374	16,38
Adquisiciones	314	13,75
Gestión	302	13,23
Liderazgo	217	9,51
Comunicación	119	5,21
Macro	110	4,82
Estructura	84	3,68
Planificación	57	2,50
GEF	52	2,28
Suministros	52	2,28
Residuos patológicos	24	1,05
	2283	100,00

Se realizó un gráfico de barras categórico ordenando los hallazgos, por dimensión, de mayor a menor. Se puede apreciar que los cuatro primeros ítems representan el 68,68 % del riesgo.

[50] En la web www.argentopia.com.ar el lector podrá acceder a una matriz tipo y aplicarla a su organización.

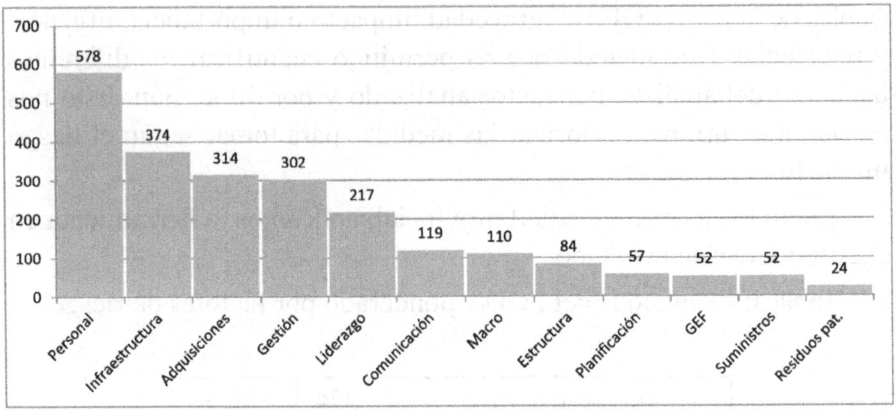

Gráfico 1: Resultados del FODA ponderado por factores de riesgo.

Puede apreciarse que los problemas o fallas relacionados con el factor humano, la infraestructura, las adquisiciones y la gestión resultaron los más significativos.

Tienen un impacto medio las fallas y debilidades relacionadas con el liderazgo, la comunicación, la gestión del marco estratégico y la estructura del Ministerio, sus dependencias y organismos relacionados.

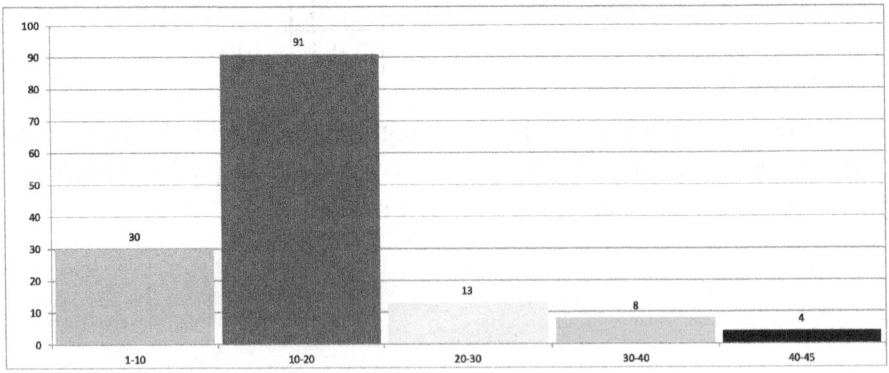

Gráfico 2: Riesgo por debilidad detectada.

Otro aspecto importante es que se pudieron detectar las doce debilidades que por sí solas representaban un gran riesgo para la gestión (son las que individualmente acumulaban 30 o más puntos).

Este método nos permitió concentrar recursos y esfuerzos en aquellos factores que mayor incidían en las fallas del Ministerio.

Además, después de tomar las acciones correctivas pertinentes, pudimos comparar el resultado con el FODA del año siguiente y ponderar el grado de mejora logrado.

Partes interesadas (PI)

La Norma ISO 9001:2015[51] amplia el concepto de cliente a partes interesadas. Identificar las **PI** es pensar en las personas que generan un riesgo significativo para la sostenibilidad de la organización si sus necesidades y expectativas no se cumplen.

Las **PI** son todas las personas o instituciones que tengan interés en los resultados de los procesos operativos de nuestra organización y que pueden afectar o ser afectados por las actividades y decisiones tomadas.

Para las organizaciones públicas, los pacientes, las víctimas de un delito, el educando, el personal profesional y no profesional, las autoridades locales, provinciales y nacionales, los directivos y el personal de un hospital, una escuela, una comisaría, las financiadoras de salud (obras sociales y prepagas), los proveedores del Estado, las asociaciones sociales civiles vinculadas y la sociedad en general son ejemplos de **PI**.

Para ello elaboramos una matriz de análisis de las **PI**[52] y de seguimiento de las acciones tomadas para satisfacer sus necesidades y expectativas.

Esto será completado en el capítulo de compromiso de las personas.

[51] Escuela europea de Excelencia. ISO 9001: Ejemplos de lo que se considera Partes Interesadas. 16/02/2016.

[52] En la web www.argentopia.com.ar el lector podrá acceder a una matriz tipo y aplicarla a su organización.

Los principios de la gestión integrada e integrable (GIeI)[53]

Alineados con los valores sustentados por las organizaciones internacionales de **ética, solidaridad, accesibilidad, equidad y eficiencia**, los siete principios mencionados en la norma ISO 9000:2015 y la experiencia recogida en más de 35 años, consideramos oportuno fijar los siguientes principios rectores en la implementación de sistemas de gestión en la organizaciones públicas y privadas con el objeto de superar la sostenida decadencia de nuestro país:

1. Enfoque en el ciudadano-usuario con su involucro efectivo en la cadena de valor.
2. Liderazgo.
3. Compromiso de las personas. Implica la participación efectiva y el desarrollo del factor humano.
4. Gestión de las relaciones.
5. Trabajo en equipo multidisciplinario.
6. Gestión de las redes.
7. Enfoque multisistémico dinámico.
8. Enfoque a procesos.
9. Toma decisiones basadas en la evidencia.
10. Mejora.
11. Gestión sistemática del riesgo (seguridad).
12. Prevención del impacto ambiental (desarrollo sustentable).
13. Gestión integrada e integrable de la información en un contexto digital seguro y accesible.
14. Gestión económico-financiera.
15. Ética y compromiso social.[54]

[53] Roberto Rubén Pittaluga y Florencia A. Pittaluga. Material teórico del Diplomado en Gestión de la calidad en organizaciones de salud. IRAM. Teórico 1. Sistemas de Gestión Integrada e integrable de las Organizaciones de Salud. (SGIeI). 2016.

[54] Resolución 37/194 adoptada por la Asamblea General de las Naciones Unidas el 18/XII/1982.

Los principios del 1 al 4 y 8 al 10 son los identificados como primordiales para el sostenimiento del sistema de gestión de la calidad, alineado con la Norma ISO 9001:2015. El principio 7 estaba referido en la norma ISO 9000:2008 y está implícito en su última versión.

El resto de los principios surgen de la consulta de diversa bibliografía y la experiencia de nuestro equipo en terreno.

En nuestra opinión, es fundamental que tanto la conducción como todo el personal de las organizaciones logren asimilar estos principios para asegurar el éxito en la gestión.

A su vez, favorece la interpretación de los requisitos establecidos por la Norma ISO 9001, ISO 14001, ISO 45001 u OSHAS 18001 y otras referenciales de gestión, buenas prácticas o productos, y permite aplicar con criterio las directrices para la mejora del desempeño contenidas en la Norma ISO 9004, el documento IWA 1,[55] IWA 3,[56] IWA 4,[57] IWA 29[58] y otros modelos de gestión (EFQM, modelo europeo para la excelencia organizacional, 6 sigma, modelo 5 S *Kaisen* japonés, referenciales de los Premios Nacionales a la Calidad para el sector público y privado, OPS-OMS y otros organismos internacionales así como de asociaciones empresariales o científicas).

IMPORTANCIA DE LOS PRINCIPIOS[59]

Estos principios deberían emplearse para:

* Sustentar las políticas, los objetivos, los planes, los documentos, los procesos y las personas involucradas con un SGIeI.

[55] IWA 1:2005 Quality management systems – Guidelines for process improvements in health service organizations.

[56] IWA 3:2005Image safety – Reducing the incidence of undesirable biomedical effects caused by visual.

[57] IWA 4.2009. Quality management systems – Guidelines for the application of ISO 9001:2008 in local government image sequences.

[58] IWA 29:2019 Professional farmer organization –Guidelines.

[59] Norma ISO 9000:2015.

* Implementar diferentes modelos complementarios de gestión bajo condiciones controladas y validadas.

* Modificar el enfoque y la metodología de realización de las auditorías de sistemas de gestión de 1.ª, 2.ª o 3.ª partes y articularlas satisfactoriamente con las auditorías específicas o administrativas tradicionales, así como con los resultados de las fiscalizaciones.

* Contar con un marco de referencia de los valores y las acciones tomadas por la organización.

* Darle una estructura robusta al SGIeI.

* Facilitarles a las partes interesadas la unificación de criterios y de métodos, así como la interpretación de los requisitos establecidos y las directrices propuestas.

El conocimiento y la aplicación de estos principios tienen por propósito que todos los responsables de los procesos críticos[60] puedan:

* Llevar a cabo un análisis objetivo del entorno en el que se opera.

* Gestionar eficaz,[61] eficiente[62] y efectivamente[63] sus procesos para lograr objetivos integrados[64] y no la habitual administración por funciones y por recursos.

* Elegir las actividades correctas,[65] adecuadas[66] y apropiadas[67] para desarrollar.

* No seguir automática y rutinariamente procedimientos que no se ajustan a las necesidades prácticas del proceso. Cuestionarlos, ajustarlos, actualizarlos, simplificarlos.

[60] Proceso crítico: Cualquier proceso que afecte directa o indirectamente el resultado de los procesos de realización de una organización de salud.

[61] Eficacia: Capacidad para alcanzar los resultados planificados.

[62] Eficiencia: Capacidad para alcanzar los resultados planificados con un adecuado uso de los recursos.

[63] Efectividad: Capacidad para sostener en el tiempo los buenos resultados.

[64] Objetivo integrado: Objetivo que tiene en consideración e interactúa positivamente con los objetivos de los otros procesos críticos del sistema de gestión.

[65] Correcto: Lo que cumple con los requisitos.

[66] Adecuado: Lo que permite alcanzar los resultados planificados.

[67] Apropiado: Lo que permite sostener resultados satisfactorios en el tiempo.

* Motivar al personal y las partes interesadas, involucradas en la cadena de valor, a superar los esquemas sustentados en el miedo y reemplazarlos por los basados en la confianza.

* Evitar los sistemas de documentación hiperburocráticos *("burrocráticos")* que condicionen negativamente a las personas en su capacidad para tomar iniciativas y aplicar su creatividad en pos de la mejora.

La falta de la aplicación de los principios de gestión es la causa principal de la mayoría de los problemas y costos de mala gestión.

Se estima en el orden de 7,8 % al 50 % del presupuesto total según se trate del rubro evaluado y si es del sector privado o público·

Por ende, mucha de la ineficacia de los sistemas gubernamentales en América Latina no se justifica solo por la falta de presupuesto, sino, sobre todo, en un despilfarro por mala gestión.

Este modelo apunta a un cambio real en el rumbo que implica no solo aspectos técnicos, sino, sobre todo, culturales.

Debemos pasar de la administración de recursos y por funciones a la gestión por procesos,[68] por objetivos[69] y por resultados[70] de toda la cadena de valor con enfoque sistémico con el objeto de poder satisfacer una necesidad y demanda del usuario creciente en cantidad y complejidad, con los medios siempre limitados disponibles.

Para su análisis detallado los hemos agrupados por afinidad en tres grupos:

Los relacionados con las personas o actores del sistema (Capítulo 4).

Los ejes de un sistema integrado de gestión (Capítulo 5).

Otros principios del sistema integrado e integrable (Capítulo 6).

[68] La gestión por procesos (BPM por sus siglas en inglés) se enfoca en lograr una adecuada interacción de los procesos como prioritaria en lugar de enfocarse en la estructura funcional tradicional.

[69] Siguiendo a Peter Drucker podemos definir la gestión por objetivos (MBO por sus siglas en inglés) como el método de gestión que alinea los objetivos individuales y de equipo con la estrategia general de la organización mediante el establecimiento conjunto de metas claras, medibles, desafiantes y alcanzables para todos los niveles de la organización.

[70] La gestión por resultados (GpR) es una estrategia de gestión enfocada en lograr resultados esperados y medibles en lugar de solo cumplir procedimientos o asignar recursos.

Capítulo 4
LOS ACTORES DEL SISTEMA DE GESTIÓN INTEGRADO E INTEGRABLE

Análisis de cada principio de gestión relacionado con el factor humano

Confucio dijo: "Elige un trabajo que te guste y no tendrás que trabajar ni un día de tu vida".

En todo sistema integrado hay cinco tipos de actores reconocibles:

* Los ciudadanos-usuarios-clientes
* Los líderes
* El personal o miembros de la organización
* Los proveedores
* Otras partes interesadas

Todos ellos conforman la cadena de valor de cualquier actividad. Cada uno tiene roles claramente definidos que serán desarrollados a lo largo de este capítulo.

Para cada uno hay un principio de gestión relacionado.

Antes de comenzar, deseamos hacer una aclaración para dejar claro cuál es el enfoque que tenemos respecto a estos temas.

Las personas no somos ni recurso ni capital humano, somos un factor que afecta los resultados de los procesos de acuerdo a su competencia y **ESTADO DE ÁNIMO** y eso no pasa con ningún recurso o capital.

Para lograr una interacción eficiente y armónica, es fundamental que todas las personas relacionadas con los procesos de una institución conozcan claramente la misión, la visión, los valores, la política, los objetivos y el plan estratégico de la organización y estén dispuestos a comprometerse e involucrarse activamente en la búsqueda del alcance de dichos objetivos estratégicos.

Esto es absolutamente responsabilidad de los líderes.

Lo esencial es que se compartan los valores. Estos deben ser transmitidos por esos líderes mediante el ejemplo y la práctica·

San Ignacio de Loyola sostenía que las personas eran las que realmente hacían a las organizaciones·

Claus Møller, en la década de 1990 hizo hincapié en que la calidad personal es la base de todas las demás calidades·

Raya Donet escribió en el 2019:

> Si queremos tener un peso en la sociedad, debemos insistir en el hecho de que la educación, primero, y la práctica, después, deben responder a un marco ético sólido más que a un plan de negocios detallado.
>
> El marco ético debe ser la referencia para una confrontación constante con los problemas concretos de la cotidianidad. Una verdadera guía a la acción.

Coincido con varios autores, entre otros los mencionados, en que el rol de la educación es formar personas librepensadoras de manera integral (física, psíquica y socialmente), de modo que sean competentes, respetuosas, dialécticas, solidarias y comprometidas y no meros estudiantes que aprueben la pruebas PISA.[71]

Las crisis que sufren nuestros subsistemas son principalmente de valores y solo con educación lograremos sobreponernos a nuestra decadencia actual.

Ninguno de los presidentes, en más de 40 años de democracia, ha tenido como eje principal de su gobierno a la educación. Es más, algunos de ellos la han impregnado de un ideologismo dogmático y adoctrinador que ha sido funesto para el desarrollo de nuestra sociedad.

[71] El Programa para la Evaluación Internacional de Estudiantes (PISA) es un estudio internacional organizado por la OCDE que evalúa los logros en el aprendizaje de los jóvenes de 15 años en matemática, lectura y ciencias. https://www.argentina.gob.ar/educacion/evaluacion-e-informacion-educativa/evaluacion-pisa

Han generado miríadas de jóvenes sinceramente convencidos del dogma político que han asimilado y han sido convertidos en fanáticos sin capacidad de aceptar una crítica y mucho menos escuchar alternativas a su pensamiento o alcanzar consensos mediante el diálogo y el debate constructivos.

Por lo tanto, antes que técnica, la raíz de nuestros problemas es ética y moral.

Ahora analizaremos el rol, los derechos, las obligaciones, la autoridad y responsabilidad de cada uno de estos actores en un sistema integrado e integrable.

ENFOQUE EN EL CIUDADANO-USUARIO
con su involucro efectivo en la cadena de valor

Las organizaciones públicas tienen sentido de existir porque la comunidad les confía su seguridad, la defensa, la justicia y el aseguramiento de la equidad en la accesibilidad a la educación, la salud y el transporte público entre otras tantas funciones.

El sentido de las privadas es ofrecer un producto o un servicio requerido por la población con calidad y seguridad controladas, a un precio justo y con el menor impacto ambiental posible (Pittaluga, 2023).

Las políticas públicas y las establecidas por las direcciones de las instituciones públicas o privadas deben poner su foco en la satisfacción de las necesidades de aquellos a quienes va dirigido el producto o servicio priorizándolas sobre los intereses de las otras partes involucradas sin dejar de tenerlas en cuenta.

Es importante recalcar al personal el concepto "Por razones de servicio". Esto implica que debe, por dicho motivo, darse prioridad a los intereses del usuario antes que a los del personal cuando entran en conflicto.[72]

[72] Las huelgas llevadas a cabo por el personal de Aerolíneas Argentinas para sostener privilegios y generar problemas a un gobierno no peronista y sin respeto algunos de las necesidades de miles de pasajeros es un ejemplo clarísimo de lo que no puede ser ni permitirse.

Este es el enfoque principal de la gestión integrada e integrable que es entender las necesidades actuales y futuras del cliente[73] y cumplir con los requisitos relacionados contemplando las expectativas de este en el marco del respeto del bien común.

Cumplir con este principio contribuye al éxito sostenido de las organizaciones.

Si bien el sector público tiene su foco en la igualdad, la universalidad y la accesibilidad; el social en la solidaridad y el privado en la rentabilidad, todos deben compartir un compromiso social y asegurar la calidad y la seguridad en los productos y los servicios que brindan.

Es necesario que los Gobiernos fijen políticas de Estado que mediante una adecuada normalización, fiscalización y control aseguren el acceso a los servicios a toda la población.

Por tal razón, es muy importante que comprendamos las necesidades reales y potenciales, actuales y futuras de los habitantes de una zona de influencia cuando se planifican las acciones locales[74] relacionadas con la educación, la seguridad, la justicia, la obra pública y cualquier otra actividad que impacte en la calidad de vida de las personas.

Cada momento de la interacción con el ciudadano-cliente-usuario u otra parte interesada proporciona una oportunidad para crear más valor. Son los momentos de "la verdad" que tienen un alto impacto en la calidad percibida.

La comunicación efectiva es fundamental para lograr este entendimiento.

Si seguimos las definiciones de la Norma ISO 9000, los ciudadanos/usuarios son los clientes externos principales de los procesos de realización u operacionales de cualquier organismo o dependencia pública.

[73] Cliente: persona u organización que recibe el resultado del proceso sea este un producto tangible o un servicio brindado.

[74] En algunos casos aplica el concepto de "área programática". No es así para las instituciones especializadas.

Hay que poner un especial énfasis en considerar prioritariamente los requerimientos relacionados con los más vulnerables.[75]

Son ejemplo de partes interesadas: las asociaciones sociales civiles, los organismos internacionales, los Ministerios de la Nación y de las provincias, las Secretarías de los municipios, los terceros pagadores, los proveedores, el personal, las cámaras empresariales, los sindicatos.

Deberían traducirse dichas necesidades a requisitos que las organizaciones públicas y privadas tendrían que cumplir, y esforzarse por superar incluso aquellas expectativas que armonicen con los criterios de calidad, seguridad, impacto ambiental y control de costos establecidos.

Se debería focalizar la energía en la satisfacción de las necesidades de los ciudadanos-usuarios, entendiendo que la mejor relación costo-beneficio en la gestión, la mejora del desempeño e imagen global de la propia organización proviene de dicha satisfacción.

Como contrapartida, hay que tener en cuenta que de ella también depende el reconocimiento de los involucrados y la comunidad con el consiguiente aumento del apoyo tangible y del prestigio logrado tanto por los funcionarios, los profesionales y el personal como por los mandatarios que impulsen las mejoras.

En gobernabilidad es clave lograr la **"masa crítica"**[76] necesaria para asegurar el sostenimiento del cambio previsto.

De la magnitud e intensidad del apoyo logrado por una mayoría de la población depende la capacidad de los gobernantes para lograr profundizar y mantener los cambios necesarios para alcanzar los objetivos estratégicos previstos.

Por otra parte, es fundamental incorporar el concepto de **educación** como un componente habitual y rutinario en la relación con los ciuda-

[75] Ver el ejemplo del Ministerio de Salud del Chaco y, además, considerar educandos de zonas marginales, víctimas de crímenes o desastres naturales y otros.

[76] En física, la **masa crítica** es la cantidad mínima de material necesaria para que se mantenga una reacción nuclear en cadena. En gestión, es la cantidad de personas necesaria y suficiente para asegurar el sostenimiento del sistema. En política, es un factor clave de la gobernabilidad.

danos-usuarios (por ejemplo, educación para la salud, educación sexual, en las escuelas, educación vial, simulacros ante incendios u otro tipo de catástrofes, actividades solidarias, buenas prácticas ambientales y otras).

Hay que trabajar en la generación de toma de conciencia por parte del ciudadano-usuario, en cuanto a su responsabilidad en:

* El autocuidado.

* La toma de decisiones relacionadas consigo mismo, su familia y su comunidad.

* El involucro en actividades comunitarias (educativas, religiosas, sindicales, empresariales, deportivas, culturales, de salud, sociales) que contribuyan con el alcance de los propósitos planteados en las políticas de Estado.

* Su participación cívica y de reclamo a las autoridades mediante medios pacíficos.

* El respeto de las normas establecidas y del derecho del otro.

* Su involucro en actividades de mejora en su comunidad o lugar de estudio, trabajo, deportivo o recreativo.

El ciudadano debe reconocerse a sí mismo como sujeto y no destinatario del servicio recibido, y entender que los servicios se construyen entre el prestador y el beneficiario, y que este no es un mero receptor.

Gran parte del buen resultado de estos procesos depende del propio ciudadano-usuario y su entorno, y no tanto de lo que pueda hacer específica y puntualmente la organización.[77]

[77] Ej.: En el resultado de la atención de la salud, es el propio paciente quien tiene responsabilidad de cumplir con lo planteado por el médico y respetar las indicaciones, así como las citas programadas. En educación, el resultado depende tanto del docente como del sentido de responsabilidad del educando y sus familiares en cuanto a su concurrencia a clase y realización de las tareas.

Ejemplos: 1) la limpieza de un lugar depende más de que los habitantes y transeúntes no ensucien que del servicio de limpieza. 2) La salud de un apersonas depende, muchas veces, más de la responsabilidad con que el individuo cumple con las medidas de prevención de riesgos y terapéuticas que de las indicaciones médicas. 3) La prevención de accidentes depende más del respeto a las normas de tránsito que del estado de los caminos sin negar la importancia de esto último.

Hay que trabajar para y con los ciudadanos-usuarios integrándolos activamente a ellos y, cuando es aplicable, a sus familiares y entorno afectivo como parte de la cadena de valor.

En la Argentina el programa Carta Compromiso con el Ciudadano estuvo vigente desde el año 2000, mediante el decreto 229/2000·

Esta carta compromiso la presentan los organismos y dependencias del Estado con el objeto de mejorar la relación con los ciudadanos intentando generar un clima de confianza mediante la mejora concreta de sus procesos y de los productos y servicios que brindan (Halliburton, 2006)·

Este Programa contó originariamente con cinco componentes:[78]

1. Estándares de calidad
2. Elaboración de la carta compromiso con el ciudadano
3. Sistema de quejas
4. Participación de los clientes/ciudadanos y métodos de consulta
5. Monitoreo y evaluación

El tercer y cuarto componentes tratan de las modalidades de participación ciudadana y de los sistemas de quejas y reclamos.

No basta con escuchar y analizar las necesidades y expectativas de la población, sino que debe buscarse el involucro activo de esta en la implementación de los proyectos que responden a las políticas públicas por sí o a través de las organizaciones de las cuales forma parte.

[78] A lo largo de los años estos criterios cambiaron de número y nombre. En el 2006 fueron 4: estándares de calidad, sistema de información y comunicación, sistema de participación de los ciudadanos, y monitoreo y evaluación de actividades y resultados.

El artículo 42 de la Constitución Nacional se dice explícitamente:

> *Los consumidores y usuarios de bienes y servicios tienen derecho, en la relación de consumo, a la protección de su salud, seguridad e intereses económicos, a una información adecuada y veraz; a la libertad de elección y condiciones de trato equitativo y digno.*

Además, recalca:

> *Las autoridades proveerán la protección de esos derechos, a la educación para el consumo, a la defensa de la competencia contra toda forma de distorsión de los mercados, al control de los monopolios naturales y legales, al de la calidad y eficiencia de los servicios públicos, y la constitución de asociaciones de consumidores y usuarios.*

Y por último dice:

> *La legislación establecerá procedimientos eficaces para la prevención y solución de conflictos, y los marcos regulatorios de los servicios públicos de competencia nacional, previendo la necesaria participación* **de las asociaciones de consumidores y usuarios y de las provincias interesadas, en los organismos de control.**

La Organización para la Cooperación y el Desarrollo Económicos (OCDE) (2006) establece cinco grandes categorías que puede asumir la participación ciudadana en los organismos públicos, dependiendo de su naturaleza y características (dependencias o entes autárquicos nacionales, provinciales o municipales), el grado de avance en los procesos de modernización y la madurez de la participación ciudadana y experiencia en los métodos empleables.

1. Información

Incluye todos los procesos de la organización pública relacionados con la información fehaciente brindada al ciudadano sobre todo aquello que le incumbe.

2. Consulta

Incluye todos los procesos de la organización pública que le permiten acceder a la información del ciudadano respecto a sus necesidades, expectativas, opiniones, sugerencias, atributos de los productos y servicios presentes o futuros, así como su satisfacción respecto de estos.

Incluye:

a) Encuestas cuali- o cuantitativas
b) Test de percepción de problemas (Møller, 1992)
c) Grupos focales (Vergara y Zurick Varela, 2007)
d) Técnica Delphi (Bermejo Ascorbe 1996)
e) Grupo Nominal (Bermejo Ascorbe, 1996)
f) Sistemas de quejas, reclamos y sugerencias
g) Consejos ciudadanos de asesores
h) Audiencias púbicas

3. Asociación con el ciudadano

a) Como miembros de los consejos de administración[79]
b) Como miembros de comisión de asesores

4. Delegación

a) Cooperadoras de hospitales o escuelas que pueden gestionar mejoras mediante la administración de donaciones o aportes de partes interesadas.
b) Asociaciones civiles no gubernamentales que reciben subsidios del Estado para participar en proyectos públicos.

[79] Decreto 578/93. Hospitales de autogestión.

5. Control ciudadano

Los ciudadanos están a cargo directamente del control del servicio público. Es el caso excepcional de la democracia directa.

En Innovative Citizen Participation and New Democratic Institutions: Catching the Deliberative Wave de la OCDE (2020), este organismo internacional da una visión general de las tendencias claves a nivel internacional en cuanto a la evolución de los procesos deliberativos-participativos y plantea:

- Los principios de las buenas prácticas para procesos deliberativos para toma de decisiones públicas.
- Los diferentes modelos de procesos deliberativos representativos.
- Los criterios para considerar exitoso el proceso representativo deliberativo.
- Pautas de cómo incorporar la deliberación pública en las instituciones democráticas.
- Propuestas de acción.

En la tabla 1 puede observarse la comparación entre la democracia participativa y la deliberativa.[80]

[80] Basado en Table 1. Key differences between deliberative and participatory democracy. Innovative Citizen Participation and New Democratic Institutions: Catching the Deliberative Wave © OCDE 2020 https://doi.org/10.1787/339306da-en.2020. Pág. 5.

	Número de participantes	Tipo de participación	Nivel de competencia de los participantes	Objetivo	Método de selección de los participantes
Democracia deliberativa	Relativamente pequeño pero representativo de personas dado que es difícil realizar deliberaciones profundas en un grupo numeroso	Deliberación con consideración de las diferentes prespectivas en el análisis de la cuestión a tratar.	Requiere que los participantes esten adecuadamente informados acerca del tópico a tratar	Mediante el concenso arribar a un juicio sobre el tema tratado (No una simple opinión)	Una lotería cívica, que combina al azar la selección por estratificación. El orgnismo público generado debe ser capaz de considerar las perspectivasde todas las partes interesadas y no ser un cúmulo de representantes de poderosos grupos de interés
Democracia participativa	Gran cantidad de personas, idealmente todos los afectados por una decisión particular. El objetivo es lograr amplitud.	Amplia.Todos los ciudadanos que elijan involucrarse en el tema.Es una oportunidad de afianzar el compromiso politico de la ciudadanía.	No se requiere de una competencia particular. Es conveniente que participen personas que tengan formación en la temática a tratar.Seolo se debe ser respetuoso de las opiniones.	Afianzar el involucro de los ciudadanos en la "cosa pública" .Demostrar que se tiene en cuenta la opinion surgida de estos debates en la toma de decisiones por parte del mandatario esponsable.	Solo se requiere de la disposición del ciudadano a participar

TABLA 1: DEMOCRACIA DELIBERATIVA VS. PARTICIPATIVA

En dicho trabajo, sobre 282 casos de procesos deliberativos participativos en el mundo entre 1986 y 2019, puede apreciarse que Alemania, Australia, Canadá y Dinamarca representan el 57 % de la muestra.

No figura en el estudio ningún país latinoamericano.

Así como la democracia es un lujo que solo pueden darse los pueblos con un nivel de educación elevado y con las necesidades básicas satisfechas, la democracia participativa y deliberativa requiere de los involucrados una competencia que asegure la calidad de los resultados.

Nadie puede aplicar u opinar acertadamente sobre lo que desconoce o malinterpreta.

Einstein dijo: “Todos somos ignorantes, lo que ocurre es que no todos ignoramos las mismas cosas”.

El principal componente de dicha competencia es, a mi criterio, la conducta. El conocimiento y la experiencia en la materia para tratar pueden ser compartidos por aquellos que los tienen con los que carecen de ellos.

Estos mecanismos participativos requieren de una actitud respetuosa y dialéctica al encarar el debate, la discusión o el intercambio de ideas o puntos de vista. Cada miembro debe hacer sus aportes en la búsqueda de la verdad y no para demostrar que tiene la razón.

Se debe aprender a escuchar y tratar de entender la postura del otro; frente a una tesis y una antítesis planteadas tratar entre todos de encontrar la síntesis superadora.[81] [82] [83] [84] [85]

Cuando se trata de la discusión de proyectos es conveniente agregar la hipótesis a esta tríada dialéctica.[86]

Es de utilidad seguir los conceptos de Kano (1984) y de otros autores (Pittaluga, 2010; Bartikowski y Llosa, 2003; Bonacorsi, 2013; Brandt, 1998; Cadotte y Turgeon, 1988; Herzberg *et al.*, 1959; Jacobs, 1999; Llosa, 1999; Venkitaraman, 1993; Brandt, 1988) para interpretar los niveles de satisfacción del que recibe el servicio o producto y su potencial evolución a medida que lo satisfacemos.

Analicemos las categorías posibles:

[81] Platón. Diálogos. El sofista o el ser y Menón o de la virtud. Ed. Librería el Ateneo. 1949.

[82] George Wilhelm Friedrich Hegel. Enciclopaedia Herder. https://encyclopaedia. herdereditorial.com/wiki/Autor: Hegel, _Georg_Wilhelm_Friedrich

[83] Hegel, Georg Wilhelm Friedrich (1999). Principios de la filosofía del derecho, o, Derecho natural y ciencia política (2. ed edición). Edhasa. ISBN 84-350-2704-X. OCLC 42999076.

[84] Biblioteca Nacional de España. https://datos. bne.es/persona/XX864960.html. Johann Gottlieb Fichte.

[85] Nota del autor. Fuentes varias: En la teoría filosófica idealista del alemán Johann Gottlieb Fichte la tesis, la antítesis y la síntesis son las 3 fases de un **proceso evolutivo del espíritu humano que se repite a sí mismo por la búsqueda de la verdad.** Es el creador de la tríada dialéctica en su terminología tesis-antítesis-síntesis, que suele atribuirse a Hegel, aunque este utilizó la denominación abstracto-negativo-concreto.

[86] LATAM Revista Latinoamericana de Ciencias Sociales y Humanidades, Asunción, Paraguay. ISSN en línea: 2789-3855, agosto, 2022, Volumen 3, Número 2, p. 84.

Zavala Ramírez, José Ramón. Dialéctica crítica en trabajos de investigación. Planteamiento del problema. Critical Dialectics in Research Papers. Problem Statement. México. 2022.

1) Calidad requerida (*Must-be Quality*) (Básica)

Estos atributos se dan por sentados cuando se cumplen, pero dan lugar a una percepción de mala calidad cuando no se cumplen.

Los ciudadanos/clientes/usuarios esperan que estos atributos se cumplan y los consideran como básicos. De hecho, generalmente son implícitos y rara vez los solicitan expresamente.

Ejemplos:

1) Limpieza, orden y buen trato.
2) Pulcritud y trato respetuoso del personal de un ente público, educativo, de seguridad o de atención de la salud.

2) Calidad unidimensional (Funcional)

Estos atributos dan como resultado la satisfacción cuando se cumplen e insatisfacción cuando no se cumplen.

Estos son los atributos que se mencionan como inherentes al producto o servicio ofrecido por el organismo o la dependencia pública, por los cuales son reconocidos como idóneos o no.

Además, es un factor de competitividad en el sector privado, por lo cual su cumplimiento debe ser estimulado desde el Estado, así como la toma de conciencia, sobre todo de las pymes, de su importancia.

Esta "funcionalidad" hace referencia no solo a la capacidad instalada (infraestructura física, equipos), sino a la competencia de las personas y la eficacia y eficiencia en la gestión de los procesos y la información.

Ejemplos:

1) El sistema informático funciona sin problemas y permite la normal y ágil ejecución de las tareas.
2) El cumplimiento del horario previsto para la cita, la reunión, la entrevista o cualquier actividad programada.

3) El personal administrativo, técnico o profesional conoce y aplica adecuadamente los requisitos, protocolos, planes de contingencia relacionados con sus tareas demostrando profesionalismo y competencia.
4) El equipamiento requerido para las tareas (sistemas de proyección en entidades educativas, móviles policiales, sistemas de comunicación, equipos de diagnóstico o tratamiento, etc.) funcionan perfectamente.
5) El servicio de mantenimiento preventivo de los equipos es realizado en tiempo y forma por el proveedor y por los usuarios.
6) La información suministrada es precisa y concreta.
7) La comunicación con todas las partes interesadas es efectiva (positiva, práctica, fluida y constante).
8) Los ambientes son confortables y adecuados para las actividades previstas.
9) Los informes son adecuados en tiempo, forma y contenido.
10) La respuesta a las consultas y reclamos es pronta, y responde a las necesidades del consultante o reclamante.

Su impacto en la calidad percibida podría decirse que es lineal. A mayor calidad funcional, mayor percepción de la calidad por parte del ciudadano/cliente/usuario y de las demás partes interesadas.

3) Calidad atractiva *(De exaltación)*

Estos atributos proporcionan una gran satisfacción cuando se logran plenamente, pero no causan insatisfacción cuando no se logran dado que normalmente no son esperados, sino que sorprenden al ciudadano/cliente /usuario.

1) Cuando un personal de la recepción de una entidad le ofrece el uso del teléfono a quien lo necesita aunque no lo solicite.
2) La contención del paciente y su entorno familiar en lo afectivo.
3) La contención de personal policial a una víctima de un delito (sobre todo, si tiene connotaciones sexuales).

4) Cuando un banco público (provincial o nacional) o privado tiene en cuenta aspectos económicos o financieros de un cliente en particular ante la necesidad de un préstamo.
5) Cuando un político escucha a la gente y analiza sistemáticamente sus necesidades y expectativas, y plantea soluciones concretas al efecto.
6) Cuando un funcionario reconoce el aporte de algún ciudadano u otra parte interesada en una mejora.

La relación causa efecto es exponencial y en gran medida contribuye a la fidelización con quien brindo el trato inesperado.

4) Calidad indiferente

Estos atributos se refieren a aspectos que no inciden ni negativa ni positivamente en la satisfacción del cliente/usuario.

1) La marca y modelo de los teléfonos de la empresa en la medida que no afecten el servicio.
2) Información sobre asuntos políticos que a las personas del llano no les importa ni afecta su vida diaria.

5) Calidad inversa

Son los atributos que por exceso generan insatisfacción o rechazo por parte del ciudadano/cliente/usuario.

1) La adulación o un trato excesivo que termine invadiendo la privacidad.
2) Demasiada información sin tener en cuenta la idiosincrasia del destinatario o su entorno.
3) Propaganda invasiva.
4) Actos públicos que entorpecen la vida del ciudadano.

El modelo Kano ofrece una idea de las características de los productos o servicios de los organismos y dependencias del Estado que se perciben que son importantes para los ciudadanos/clientes/usuarios.

El objetivo de la herramienta es apoyar a las especificaciones técnicas y funcionales del producto o del servicio, y el debate sobre sus características mediante una comprensión del equipo de trabajo respecto a ellas.

El modelo de Kano se enfoca en la diferenciación de las características del producto o servicio, en lugar de centrarse inicialmente en las necesidades del cliente/usuario.

Kano también produjo una metodología para el mapeo de las respuestas de los consumidores a los cuestionarios sobre su modelo.

En la tabla 2 se observan los diferentes términos utilizados por los autores que hemos trabajado el tema para referirnos a las categorías establecidas por Kano.

Autor/es	Impusor tipo 1	Impulsor tipo 2	Impulsor tipo 3	Impulsor tipo 4
Herzberg y cols.(1959)	Higiene	Motivador		
Kano (1984)	Must be (Debe ser)	Atractivo (De exaltación)	Unidimensional	Indiferente
Brandt (1988)	Requerimiento mínimo	Potenciador de valor	Híbrido	Bajo impacto
Brandt y Scharrioth (1984)	Básico	Atractivo	Unidimensional	Bajo impacto
Cadotte y Turgeon (1985)	Insatisfactor	Satisfactor	Crítico	Neutral
Venkitaraman y Jaworsky (1993)	Plano	Valor agregado	Clave	Final
Llosa (1999)	Básico	Plus	Clave	Secundario
Pittaluga (2010)	Básico	De exaltación	Funcional	Indiferente

Tabla 2: Equivalencia de los términos usados por diferentes autores

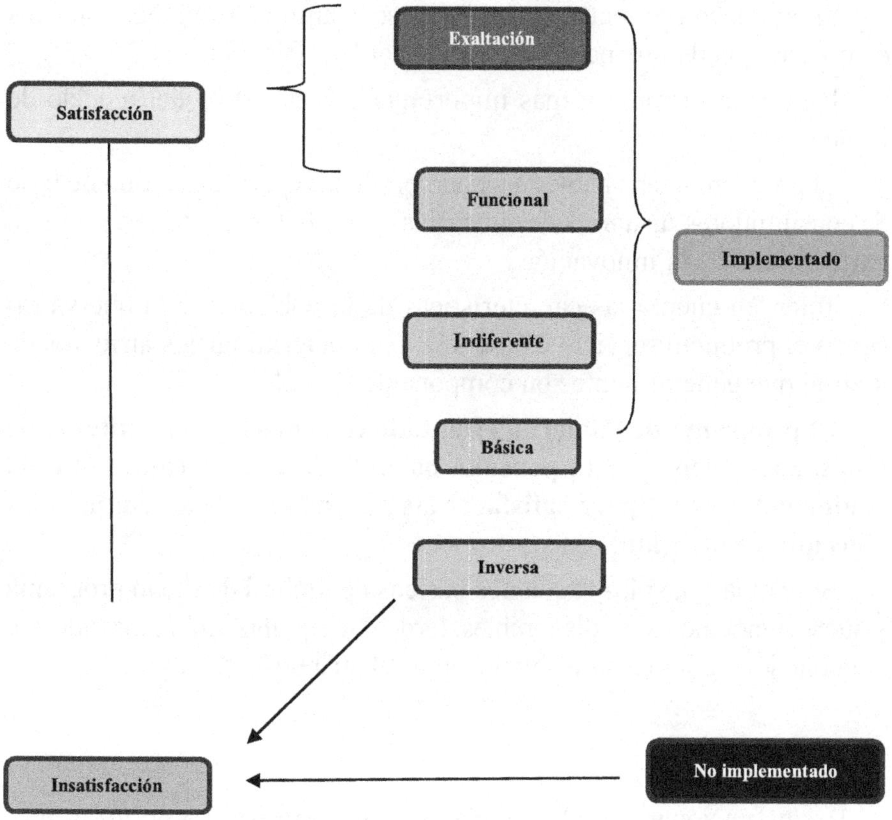

Gráfico 1: Relación entre las categorías de la calidad y la satisfacción

Atributos básicos o umbral

Uno de los principales puntos de evaluación en el modelo de Kano es de los atributos de umbral. Estos son básicamente las características que el producto o servicio deben tener para cumplir con las demandas y necesidades del ciudadano/cliente/usuario.

Si se pasa por alto este atributo, el producto o servicio simplemente está incompleto o es defectuoso.

Si un nuevo producto o servicio no se examina usando los aspectos de umbral, puede que no sea aceptado por la población.

Esta es la primera y más importante característica del modelo de Kano.

El producto o servicio está siendo producido para algún tipo de base de consumidores /usuarios/destinatarios, y por lo tanto esto debe ser una parte crucial de la innovación.

Tener en cuenta las características de la población a la que va dirigido el producto/servicio es esencial para determinar los atributos de umbral que generalmente son componentes simples.

El programa de gobierno ejecutado es el producto resultante de una planificación y está pensado para demostrar la capacidad del equipo gobernante para satisfacer las necesidades de los ciudadanos a los que va dirigido.

Sin embargo, si los requisitos básicos de umbral de dicho programa y su ejecución no están disponibles, tarde o temprano será rechazado por la población debido a su insatisfacción. El atributo está allí o no lo está.

Ejemplos:

1) Un funcionario o el ciudadano al que va dirigido no están presentes para prestar el servicio. Si uno de los dos está ausente, el servicio no puede ser brindado. Es decir, NO HAY SERVICIO.
2) Un recurso, equipo, información requeridos no están disponibles, entonces el proceso no puede llevarse a cabo.
3) Las personas no son idóneas para la tarea por falta de capacitación y entrenamiento adecuados, entonces el servicio público se brinda con fallas, demoras, o directamente generando riesgo para el usuario.

Los atributos de umbral son a menudo considerados como un costo de entrada.

Muchos productos o servicios tienen atributos de umbral que se pasan por alto.

Dado que este componente del producto o servicio es una guía necesaria, muchos consumidores no juzgan cuán avanzada es una característica particular.

Por lo tanto, muchas veces las organizaciones querrán mejorar los otros atributos porque los consumidores siguen siendo neutrales a los cambios en la sección de umbral. Para los servicios, son atributos de umbral la limpieza, el orden y el buen trato. En una organización donde el usuario da por descontado esto, pasan a ser otros atributos el umbral.

Cambios de lugar de los atributos en el tiempo

Un atributo se desplazará en el tiempo desde de exaltación a funcional, y de este a básico. El desplazamiento es impulsado por las expectativas del ciudadano/cliente/usuario y por el nivel de rendimiento de los productos o servicios de la competencia.

Por ejemplo:

La capacidad de almacenamiento de datos de discos externos era en un momento ínfima y ahora es básico un dispositivo portátil que permita almacenar varios *gigabytes* e incluso *terabytes.*

Otro ejemplo: contar con el acceso de un informe en línea de un estudio médico o de laboratorio se ha hecho frecuente y funcional cuando antes era algo extraordinario, y en poco tiempo será un atributo básico del servicio.

Los subsidios a las personas sin contraprestación en su momento resultaron de exaltación porque implicaban una ayuda, luego terminaron siendo algo básico y en este momento ni siquiera son de umbral porque los beneficiarios los consideran un derecho adquirido.

Que hoy todas las escuelas de una provincia estén conectadas a un buen servicio de internet sería funcional y en algunas localidades casi de exaltación. Sin embargo, una vez logrado esto, con los años se constituirá en un servicio básico.

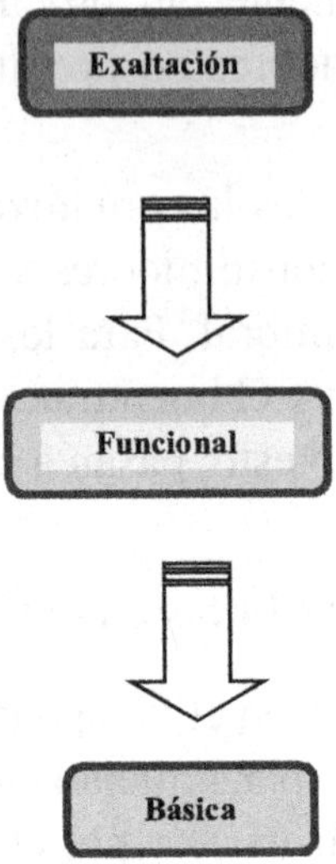

Gráfico 2: Cambios con el tiempo de la relación entre las categorías de la calidad y la satisfacción

Preguntas finales

1. ¿Tenemos identificados cuáles son los destinatarios (usuarios, clientes, consumidores, pacientes, educandos, productores) de esos productos o servicios?
2. ¿Tenemos identificados en los diferentes organismos del Estado cuáles son las características de los productos o servicios que necesitan?
3. ¿Sabemos cuáles son los atributos básicos, funcionales o de exaltación por cumplir?
4. ¿Contamos con la competencia y los medios para evaluar en qué medida se cumplen?
5. ¿Tenemos la capacidad para analizar cuali- y cuantitativamente cómo son percibidos?
6. ¿Sabemos cómo revisar y mejorar la satisfacción respecto del cumplimiento de estos requisitos?

Este modelo ha sido propuesto incluso para el diseño de productos o servicios.[87]

Test de percepción de problemas

En la página web www.argentopia.com.ar, mostramos un ejemplo de test de precepción de problemas comunitarios que considero muy útil para contar con un *input* para la planificación de proyectos locales.

Dicha matriz puede ser utilizada por Uds. para aplicarla a vuestra organización como ejercicio práctico.

Una vez realizado a una muestra significativa de la población de un sitio dado se puede tabular y analizar los datos.

El puntaje máximo obtenible es 4 x ^{n}. Donde ^{n} es el número de personas que calificaron ese problema.

En la tabla 3 se relaciona el nivel de problema con las medidas para tomar.

Resultado por ítem	**Medidas para tomar**
0 a 25 % del máximo	No es un problema crucial para esa comunidad. Seguimiento.
25 al 50 %	Es un problema de moderado impacto. Debe tratarse. La participación del Gobierno provincial estará relacionada con las necesidades del Gobierno local de contar con dicho apoyo.
50 a 75 %	Es un problema de alto impacto. Deben analizarse las causas y tratarlas. Debe informarse al Gobierno provincial para que considere el apoyo a brindar y coordine acciones con otras localidades que tengan problemas similares.
Mayor al 75 %	Es un problema grave y de urgente resolución. Debe dársele tratamiento prioritario con involucro intenso de los líderes locales y provinciales. De ser necesario se solicitará apoyo a nivel nacional.

Tabla 3: Acciones vs resultados obtenidos por ítem evaluado

[87] Yacuzzi, Enrique (Universidad Cema) y Fernando Martín (Aventis Pharma) Aplicación del Método de Kano en el diseño de un producto farmacéutico. https://ucema.edu.ar/publicaciones/download/documentos/224.pdf

Una vez evaluado cada ítem, es importante realizar un análisis sistémico de la precepción de los problemas comunitarios por parte de dicha población.

El puntaje máximo para cada participante es de cien que surge de multiplicar 4 x 25 ítems.

El promedio de todos los test hechos nos permite sacar conclusiones sobre la precepción general.

En la tabla 4 se identifican las acciones.

Resultado general	**Color**	**Medidas para tomar**[88]
0 a 25 %	**Verde**	Población con un nivel de problemas bajo. El Gobierno local planifica acciones con un seguimiento sistemático mediante el análisis de tendencias.
25 al 50 %	**Amarillo**	Población con un nivel de problemas moderado. El Gobierno local, con apoyo provincial trata prioritariamente los ítems que hayan sacado mayor porcentaje.
50 a 75 %	**Rojo**	El Gobierno provincial y el local articulan acciones de mejora con un control estricto de los resultados obtenidos.[89]
Mayor al 75 %	**Violeta**	La Jefatura de Ministros provincial planifica y coordina, de ser necesario con apoyo del Gobierno nacional, las acciones. Estas localidades tienen un altísimo riesgo de conflicto social.

Tabla 4: Categorización del nivel de problemas comunitarios y acciones para tomar según el caso

[88] En todos los casos es conveniente el involucro de las asociaciones sociales civiles intermedias y la población.

[89] En todos los casos hay involucro de los diferentes Ministerios y la coordinación general queda a cargo del jefe de Gabinete de Ministros provincial.

Esta georreferencia por colores permite al Gobierno local realizar un seguimiento por barrios o comuna; al provincial, por municipio; y al nacional, por provincia.

Se puede hacer globalmente por ítem. Por ejemplo, le puede resultar útil a cada Ministerio realizar el seguimiento de los ítems que son de su incumbencia.

También lo he utilizado para diseñar las propuestas de campaña en un sitio dado en función de lo detectado por los habitantes locales como principales problemas que los afectan.

Preguntarles a los ciudadanos sistemáticamente cuáles son los problemas que acucian a su comunidad es una fuente de retroalimentación indispensable que permite ajustar las medidas, en el marco de una política pública determinada, a las necesidades de una población dada.

La adecuada participación y compromiso de los ciudadanos en la implementación de las políticas públicas enriquece el proceso y es un reaseguro de la gobernabilidad y sustentabilidad de estas.

Medidas aplicables

* Establecer un proceso sistemático para la identificación, reconocimiento, investigación y comprensión de las necesidades y expectativas de los ciudadanos-usuarios y otras partes interesadas (por ejemplo, test de precepción de problemas comunitarios, grupos focales, encuestas de satisfacción, gestión de los reclamos).

* Establecer una comunicación efectiva con los ciudadanos-usuarios y otras partes interesadas orientada sistemáticamente a su toma de conciencia como partes activas de la cadena de valor y su participación en los procesos de mejora.

* Mejorar la eficacia de la comunicación con los ciudadanos-usuarios y otras partes interesadas mediante el empleo coherente de los medios que consideren los diferentes aspectos relacionados (derechos y obligaciones, educativos, sociales, culturales).

* Comprender y utilizar adecuadamente las redes sociales para promover los cuidados de la salud, las medidas de seguridad y de prevención del delito, la educación vial, el cuidado del ambiente, la toma de conciencia sobre los derechos y obligaciones, y otros temas de interés que hagan a la educación cívica de los usuarios.

* Facilitar el acceso a la información pertinente como evidencia de la transparencia en la gestión.

* Asegurar que los objetivos de la organización estén orientados a satisfacer dichas necesidades y contemplar en lo posible las expectativas.

* Lograr que toda la organización conozca las mismas mediante una adecuada comunicación interna.

* Planificar y ajustar las políticas públicas, proyectos y acciones de Gobierno según los resultados de los indicadores relacionados con la percepción de los problemas, la satisfacción de los usuarios y la participación ciudadana.

* Gestionar los procesos enfocados en las necesidades y expectativas de los ciudadanos-usuarios y otras partes interesadas.

* Lograr implementar un sistema de gestión de los reclamos efectivo.

* Gestionar de forma sistemática las relaciones con los ciudadanos-usuarios y otras partes interesadas.

* Asegurar el equilibrio entre la satisfacción de los requisitos de los ciudadanos-usuarios, los de las otras partes interesadas (tales como profesionales, empleados, proveedores), los reglamentarios y legales, y los establecidos por la propia organización.

* Evaluar la capacidad real de la organización para cumplir equilibradamente dichos requisitos.

* Generar y participar en programas[90] de toma de conciencia e involucro de la población en su responsabilidad en las medidas de gobierno (por ejemplo, autocuidado y la prevención de alteraciones de su propia salud, la de sus allegados y de la comunidad en la que viven.

[90] Estos programas pueden y deberían ser desarrollados no solo por el sector público, sino el privado. Lo ideal sería que fueran articulados y complementarios.

Cumplimiento de los planes de vacunación. Cooperación con entidades educativas o intermedias. Colaboración en temas de seguridad vecinal. Participación en la gestión adecuada de residuos y limpieza de áreas públicas. Involucro en ferias de ciencias o arte. Intervención en actividades recreativas o deportivas con fines benéficos).

* Gestionar proyectos con involucro de las asociaciones sociales civiles, la población y otras partes interesadas.

* Fomentar la implementación de la Carta Compromiso con el ciudadano.

* Presentarse al Premio Nacional a la Calidad u otros equivalentes.

* Certificar el sistema de gestión con normas ISO.

* Acreditar la calidad institucional con organismos nacionales o internacionales.

Resultados posibles[91]

* El incremento y la mejora de la participación ciudadana en la gestión de los proyectos de gobierno.

* La implementación adecuada de los métodos de la democracia deliberativa y participativa.

* El logro de una respuesta flexible y rápida a las oportunidades del entorno, en parte debida a la mejora del trato dado a la información suministrada por los ciudadanos-usuarios.

* Una mayor eficiencia en el uso de los recursos.

* La mejora de la calidad percibida por los ciudadanos-usuarios y su involucro en los cambios.

* La generación de la confianza entre todas las partes interesadas y en la gestión de gobierno.

[91] Ley de Murphy 1: Si hacemos las cosas bien, puede ser que salgan bien; pero si las hacemos mal, seguramente saldrán mal.

* La continuidad en la relación y el afianzamiento de una imagen positiva de la organización en el medio y la posibilidad de su desarrollo sustentable.

* El aumento del prestigio del Estado, sus organizaciones y sus funcionarios con un impacto en el nivel de confianza positivo.

* La mejora de la economía gracias al aumento de la recaudación impositiva debido al incremento de la producción y productividad, la reducción de la evasión, la mejora de la facturación y cobranza a los terceros pagadores, aseguradoras y donaciones en caso de las instituciones públicas o privadas sin fines de lucro, al aumento de la inversión y a la reducción de los costos de la mala gestión.

* La mejora de la percepción de la calidad por parte de los líderes de otros países y corporaciones, de organizaciones transgubernamentales y Gobiernos con el consiguiente aumento del prestigio a nivel regional e internacional.

* La mejora del riesgo país y del acceso a apoyo por parte de organismos internacionales a las empresas argentinas y a las políticas públicas implementadas.

LIDERAZGO

"Si quien gobierna no es justo, no será obedecido".
CONFUCIO

Como explica Carlos Matus (1987), gobernar exige articular constantemente tres variables:

a) proyecto de gobierno
b) capacidad de gobierno
c) gobernabilidad del sistema

Estas tres variables constituyen un sistema triangular y dependen una de la otra.

El proyecto de gobierno es el conjunto de propuestas de acción que un mandatario y su equipo plantea llevar a cabo para alcanzar sus objetivos estratégicos en el marco de la política integrada e integrable.

Debería considerar las reformas del marco regulatorio, las políticas y las condiciones económicas, sociales, culturales y educativas requeridas por el cambio.

Es producto del análisis de las circunstancias, coyunturas, intereses y capacidades del equipo gobernante y otras partes interesadas involucrables.

Refleja, en gran medida, la capacidad intelectual del equipo técnico-político comprometido, pero sobre todo de los responsables de liderarlo.

Para su adecuada implementación, es indispensable asegurar la capacidad de gobierno (competencia[92] del líder y sus colaboradores para conducir el proceso social hacia los objetivos declarados),[93] y la gobernabilidad del sistema (refiere a las posibilidades de acción junto con el control de sus efectos al interactuar con otras partes interesadas, positiva o negativamente, en el éxito de la gestión) frente a los cambios que buscan implementarse.

La gobernabilidad del sistema depende del capital político (poder real) de los líderes y la confianza generada en los gobernados.

La diferenciación apunta a reconocer sistemas de distinta naturaleza. El propositivo de acciones (proyecto de gobierno), el de dirección y planificación, implementación, control y mejora (la capacidad de gobierno) y el social (gobernabilidad del sistema).

El Modelo de Calidad Estatal de la República Argentina[94] está compuesto por cuatro capítulos:

[92] Conocimientos, técnicas, métodos, destrezas, habilidades, experiencias y conductas requeridas para el adecuado desempeño.

[93] De allí que es fundamental que todo ciudadano que aspire a ocupar un cargo público de carrera o político deba dar evidencia objetiva de su capacidad mediante la aprobación de trayectos formativos específicos en una entidad educativa acreditada en gestión púbica.

[94] Premio Nacional a la calidad-30° Ed. Modelo de Calidad Estatal Documento guía del Premio Nacional a la Calidad para la gestión y evaluación de la Calidad Estatal-Dirección Nacional de Mejora de los Servicios a la Ciudadanía-Subsecretaría de Fortalecimiento Institucional-Marzo 2023. Págs. 12-13.

1. Dirección y planeamiento.
2. Enfoque en el interés general de la ciudadanía y en el/la usuario/a.
3. Procesos y sistemas.
4. Gestión del personal.

Cada capítulo cruza con ejes de gestión verticales: **liderazgo,** enfoque, implementación, datos y fuentes de la información, y resultados.

El eje de **liderazgo** contiene requisitos que describen el modo en que se conduce a la organización pública hacia los objetivos fijados en relación con el tema específico del capítulo y alineado con la misión de todo el organismo.

Liderazgo y "datos y fuentes de la información" son transversales a todos los criterios en cada capítulo, no así los tres ejes restantes, que se vinculan de manera independiente con cada uno de los criterios.

Es decir que las características del liderazgo impactan en todas las actividades que lleva a cabo una organización pública.[95]

Para la norma ISO 9000[96] los líderes establecen la unidad de propósito y la orientación de la organización. Ellos deberían crear y mantener un ambiente interno, en el cual el personal pueda llegar a involucrarse totalmente en el logro de los objetivos estratégicos. Por esa razón el liderazgo es uno de sus principios fundamentales.

Lo asocia al término "alta dirección" entendiendo por tal a la persona o grupo de personas que dirige y controla una organización al más alto nivel.[97]

El liderazgo[98] es una competencia que integra los conocimientos, las habilidades, las conductas, que ejerce el funcionario-líder para tener éxito en el momento de la interacción social que tiene con los pares o los colaboradores.

[95] Este concepto también aplica para el sector privado.

[96] ISO 9000:2000 (ES). 0.2 Principios de gestión de la calidad. Pág. IV. 2000-12-15.

[97] ISO 9000:2015: Agrega en sus notas complementarias: "La alta dirección tiene el poder para delegar autoridad y proporcionar recursos dentro de la organización".

[98] Alonso, Susana. Aportes al curso de liderazgo en gestión de servicios de salud organizado por el Dr. Roberto R. Pittaluga y la Lic. Florencia Pittaluga.

Además, es un proceso en el cual el líder desarrolla sus competencias, las de sus colaboradores (empoderamiento) y las de las otras partes interesadas, y las integra con el objeto de alcanzar sus objetivos estratégicos.

De las cuatro categorías de procesos[99] los de dirección son aquellos que el líder no puede delegar y solo pueden ser auditados a él.

Esto es clave porque significa que todos los demás son delegables y, por ende, pueden quedar a cargo de colaboradores.

Es crucial que el líder sepa exactamente en qué procesos debe focalizar el empleo de su tiempo y energías, y cuáles puede dejar a cargo de sus mandos medios empoderados.

Es común ver a funcionarios del más alto nivel nacional, provincial o municipal desperdiciando su tiempo en asuntos secundarios que podrían ser resueltos por colaboradores calificados.

La gestión del marco estratégico, la planificación estratégica y la revisión por la dirección son los procesos indelegables.

En la tabla 5 se definen los procesos y subprocesos que son responsabilidad de la alta dirección y los principales documentos ligados a ellos.

Macroproceso	Proceso	Documentos principales
Gestión del marco estratégico	Gestión de los requisitos reglamentarios y legales	Digesto (con inclusión de las normas de aplicación obligatoria y voluntaria aplicables).
	Establecimiento de la misión, la visión y los valores	Misión, visión y valores
	Establecimiento del alcance del sistema de gestión integrado e integrable	Alcance del SGIeI
	Establecimiento de la política de gestión	Política de la gestión integrada e integrable
	Gestión de los objetivos estratégicos	Objetivos estratégicos

[99] Ver diagrama de procesos en el capítulo 5.

Planificación	Gestión de los procesos	Diagrama de procesos
	Análisis del contexto	FODA ponderado por factores de riesgo Análisis de las partes interesadas
	Planificación estratégica y de la gestión	Plan estratégico Plan de gestión
	Gestión de las autoridades y responsabilidades	Organigrama Descripción de funciones y perfiles de cargo Gestión de los equipos de proyecto
Revisión por la dirección	Revisión por la dirección	Procedimiento de revisión por la dirección Informe de revisión por la dirección

Tabla 5: Procesos y subprocesos a cargo de líder y documentos de referencia

Adaptando los conceptos de Coleman (1996), reconocemos 4 componentes que afectan el desempeño de un líder: el autoconocimiento, la auto gestión, la empatía y la habilidad social.

El **autoconocimiento** implica conocer las emociones, capacidades, limitaciones, necesidades, expectativas, intereses y prejuicios que afectan el desempeño del propio líder.

Forma adecuada de gestionarlo:

1. Ser realista: no dejarse llevar por sus emociones ante las situaciones que enfrenta.
2. Reconocer cómo sus sentimientos afectan a sí mismo y a las demás partes interesadas con que interactúa tanto en dicha interrelación como en el rendimiento.
3. Reconocer y apoyarse en sus valores y fortalezas.
4. Identificar y compensar sus debilidades, apoyándose en las fortalezas de su equipo.
5. Promover los valores mediante el ejemplo y la práctica.

6. Saber compartir y asegurarse del entendimiento de los objetivos.
7. Orientar sus decisiones hacia dichos objetivos.
8. Mostrarse seguro, pero a la vez dúctil; saber pedir ayuda, decir "No" y "No sé".
9. Ser el primero en cumplir con los requisitos
10. Mostrar en todo momento coherencia entre lo dicho y lo hecho.

Entendemos como **autogestión** al control y superación efectiva de las emociones, sentimientos y situaciones en pos de conseguir los objetivos previstos.

El buen líder sabe contener sus emociones y canalizarlas racionalmente. Jamás se enoja o grita.[100] Sabe ganarse el respeto de sus colaboradores y otras partes interesadas mediante el trato correcto, respetuoso, firme, pero a la vez flexible, la comunicación efectiva y el ejemplo.

El buen líder se nota cuando no está, pues aún en su ausencia se hace lo que piensa que es correcto.

Para ello es importante que sepa:

1. Controlar y canalizar de forma útil y efectiva los sentimientos, impulsos y emociones propios.
2. Crear un ambiente de razonabilidad, confianza y justicia.
3. Recordar siempre que es preferible ser justo a ser bueno, pues, si se hace una excepción, todos sentirán que tienen derecho a ella.[101]
4. Adaptarse a los cambios (tecnológicos, sociales, económicos, políticos, culturales).
5. Recuperarse rápidamente de los contratiempos y situaciones frustrantes· La longanimidad es un atributo de todo buen líder.

[100] Julián Marías. Los que se enzarzan en una competencia de agresividad pierden su razón y, lo que es más evidente, su fuerza. El que está seguro de algo no tiene que levantar la voz ni exaltarse. https://akifrases.com/autor/juli%C3%A1n-mar%C3%ADas

[101] Recomendación de la Dra. Haydé Mondino. Jefa del Servicio de Medicina Nuclear del Hospital Elizalde y del Centro de Diagnóstico Infanto-Juvenil. Querida amiga y consejera. Fallecida en 1992.

6. Estar dispuesto a reconocer sus errores, aprender de ellos y cambiar.
7. Promover la reflexión y la meditación y no actuar impulsivamente.
8. Aceptar la ambigüedad y el cambio.
9. Tener integridad.
10. Motivar a sus colaboradores mediante el ejemplo, la práctica y el reconocimiento.
11. Explicarles a los colaboradores que en el momento de la toma de decisiones el "jefe está solo" ya que asume toda la responsabilidad, incluso legal, de sus actos.

De allí que, aunque uno sea participativo y abierto, en algunas circunstancias deba toma medidas no ideales pero posibles.

Al ser el líder el que tiene acceso a la información, muchas veces confidencial, no compartible con sus allegados, puede suceder que se vea obligado a decidir en un sentido contradictorio con su forma de ser y actuar, pero que generará cambios a mediano y largo plazo que le permitirán a él y a su equipo alcanzar los objetivos deseados.

Si hay un clima de confianza, los colaboradores pensarán: "Si así lo hizo, por algo será. Esperemos a ver los resultados antes de juzgarlo".

Ortega y Gasset afirmaba: "Yo soy yo y mi circunstancia, y si no la salvo a ella no me salvo yo. El entorno que nos rodea forma parte e influye a la vez que es influido por nosotros. Por ende, tomar decisiones no considerando al mismo es riesgoso".[102]

Empatía es tener en cuenta el punto de vista y sentimiento de los demás durante el proceso de toma de decisiones.

Se evidencia cuando el líder muestra capacidad para:

1. "Ponerse en el zapato de otro" y trata de entender su posición ante un tema dado.
2. Escuchar y respetar la opinión ajena.

[102] Mimenza Castillero, Oscar. https://psicologiaymente.com/reflexiones/frases-jose-ortega-gasset. 2022.

3. Comprender los diferentes puntos de vista.
4. Interpretar el lenguaje corporal y gestual, así como analizar la ubicación espacial en una reunión.
5. Conducir los equipos, adaptarse a los cambios y retener al personal más capaz.
6. Compartir conocimientos y experiencias.
7. Reconocer y apoyar a los que contribuyen con los proyectos establecidos.
8. Lograr que los colaboradores se sumen al proyecto promovido por el líder y aporten lo mejor de sí.
9. Motivar mediante el reconocimiento de las fortalezas de cada uno.
10. Promover la adecuada gestión y desarrollo del factor humano.

Habilidad social es la capacidad del *líder para lograr que sus colaboradores y otras partes interesadas contribuyan con la constancia de propósitos.*

Esto se logra cuando el líder demuestra habilidad para:

1. Construir relaciones mutuamente beneficiosas con todas las partes interesadas integrándolas a una cadena de valor eficiente.
2. Gestionar su red de contactos en forma efectiva.
3. Lograr resultados mediante la persuasión antes que por la imposición dejando la "bajada de línea" para casos muy excepcionales.
4. Lograr resultados mediante la coordinación de equipos por cuenta propia o de sus mandos medios empoderados al efecto.
5. Ser un gran motivador mediante el ejemplo y el reconocimiento equitativo.
6. Fomentar el liderazgo ascendente. Es decir que los colaboradores se sientan libres de proponer mejoras o cambios a sus "jefes" y que estos los apliquen si los juzgan oportunos, reconociendo explícitamente a quien propuso la idea.

La habilidad social es la culminación de las otras dimensiones de la inteligencia emocional pues, para lograrlo, se debe controlar las propias emociones y empatizar con los sentimientos de los demás.

Sintetizando, la alta dirección es la que debe orientar a la organización y liderar al equipo de trabajo. Los procesos que le competen son indelegables y solo le pueden ser auditados a ella.

Todos los otros deben ser liderados por los mandos medios empoderados por la alta dirección.

Tener claro que debe "Hacerse cargo" y que "Delegar" es el mayor reto de todos los que debemos conducir organizaciones o equipos de trabajo.

Es el líder el primero que debe estar dispuesto a aprender y, de ser necesario, cambiar en la medida de que esto sirva para el cumplimiento de los objetivos estratégicos de la organización.

Cuando analizamos la competencia de los líderes a lo largo de la historia argentina, observamos una falla que se reitera. La incompetencia.

Hay fallas que se relacionan con los conocimientos y habilidades para la tarea, pero lo más grave tiene que ver con los referidos a la conducta.

Poder y liderazgo

Desde comienzos del siglo XX a la actualidad las teorías sobre liderazgo han evolucionados drásticamente.

En la tabla 6 podemos observar dicha evolución.[103]

[103] Programa de apoyo a la formación sindical. De poder liderar al poder del liderazgo. Ministerio de trabajo, empleo y seguridad social. Marzo 2023. https://www.argentina.gob.ar/sites/default/files/de_poder_liderar_al_poder_del_liderazgo.pdf

Período aproximado	Teoría	Fundamentos
Fines del siglo XIX	**Primeros estudios formales sobre liderazgo**	
1900-1930	**Del gran hombre**	Al igual que los grandes héroes de la historia: líder se nace.
1925-1945	**De los rasgos**	Distingue a los líderes de los que no lo son.
1940-1965	**Del estilo o del comportamiento**	Desarrollo de líderes mediante su entrenamiento en las organizaciones. Primera teoría que pone el liderazgo al alcance de todos.
1960-1985	**De la contingencia**	Incluye el impacto del entorno en el desarrollo del líder y se fundamenta en tres conceptos: 1) la relación del líder y sus "seguidores", 2) la estructuración de las tareas, 3) el ejercicio del poder por parte del líder.
1980-1995	**De la influencia**	El líder define la misión, visión y valores de la organización, es agente de cambio y se compromete con sus acciones en el alcance de las metas.
1990-2000	**De las relaciones**	Diferencia al liderazgo transaccional del transformacional.
2000-actualidad	**Poscarismáticas y postransformacionales**	Reemplazan la ortodoxia administrativa por un liderazgo compartido entre los equipos que integran un sistema. Estos comparten el aprendizaje de los errores cometidos. Organización inteligente.

En la teoría; el liderazgo ha pasado del mesianismo carismático, del héroe que todo lo puede y al que se debe seguir incondicionalmente, al compartido, donde todos aprenden de los aciertos y los errores cometidos por el conjunto.

Sin embargo, la tendencia a las autocracias, tanto a nivel local como internacional, demostrarían que los responsables de conducir los destinos de las naciones poco han aprendido de lo expresado.

Hoy, una masa crítica de los lideres a nivel global carece de las competencias adecuadas para enfrentar la compleja realidad en la que *está* sumida la humanidad.

Los dogmas económicos, políticos y religiosos son el caldo de cultivo donde se desarrollan los gérmenes de la intolerancia, la prepotencia, el fanatismo y la violencia que, de no tratarse a tiempo, llevarán inexorablemente a la autodestrucción del dominio del *Homo sapiens* sobre este planeta.

La crisis de liderazgo es una crisis de valores.

Ejercer el liderazgo es ejercer el poder, ya que es la capacidad de influir en el comportamiento y las decisiones de los demás.

Siguiendo otro enfoque complementario, vamos a analizar en la tabla 7 la diferencia entre un líder democrático y un dictador/tirano.

En la tabla 7 se aprecia en *qué* basan su poder los líderes democráticos y los dictadores.

Líder democrático	Autócrata/Dictador/Tirano[104]
1. El respeto irrestricto del marco jurídico	El ajuste del marco jurídico a sus intereses y ambiciones personales.
2. El apoyo de una masa crítica de ciudadanos y colaboradores a sus políticas de gobierno.	La lealtad absoluta de sus seguidores al líder.
3. La adecuada interacción entre los tres poderes del Estado.	La cooptación del Poder legislativo y Judicial.
4. La honestidad y transparencia en la gestión.	La cleptocracia, la corrupción, el clientelismo político y la asociación con el crimen organizado.

[104] Le denominación dependerá del grado en que cumpla con las características mencionadas.

5. La competencia del equipo de trabajo.	La incorporación de los militantes en todas las áreas de gobierno.
6. La capacidad de negociación con los adversarios.	La persecución de los enemigos, tildados de antipatria, por todos los medios disponibles, llegando al secuestro, la tortura, la muerte y la desaparición de personas en casos extremos.
7. El respeto de la libertad de expresión y el fomento del acceso a la información.	La crítica sistemática y la persecución de los que opinan diferente, la prensa y los influencers de las redes sociales independiente o con pensamiento crítico. Promoción del cierre de los medios de comunicación. El apoyo a grupos de fanáticos con el objeto de sostener una campaña propagandística afín y denostar al ***enemigo.*** El insulto, el agravio y la violencia verbal como herramienta comunicacional.
8. El fomento de la accesibilidad, la modernización y la mejora sostenida de la educación y la investigación.	La utilización de las entidades y programas educativos para el adoctrinamiento y la investigación acorde a los fines del gobernante.
9. El respeto del resultado de las elecciones con reconocimiento inmediato del adversario ganador. La contribución a la transparencia de los comicios. La promoción de la ficha limpia.[105]	El uso plebiscitario de las elecciones. La promoción del fraude electoral mediante un aparato de cooptación del electorado, fraguado de resultados, robo de urnas, cooptación del colegio electoral, etc. El desconocimiento de los resultados cuando le son adversos.

[105] Ficha limpia. Sistema que impide a presentarse a elecciones o ejercer cargos públicos a personas condenadas.

10. La constitución de una alternativa de gobierno cuando no está en el poder y la discusión de ideas superadoras en debates dialécticos con los funcionarios del gobierno de turno.	La implementación de una oposición férrea en busca de la caída del gobierno elegido democráticamente mediante el boicoteo de las medidas propuestas, la promoción de huelgas de sindicatos afines, las protestas violentas y las campañas difamatorias
11. El aseguramiento de la veracidad de los datos suministrados y de la calidad del método empleado para su relevo y análisis, así como de la accesibilidad por parte de la población a los mismos.	El ocultamiento, la tergiversación y modificación de los datos y estadísticas públicas en beneficio propio y con el sólo objeto de sostener el relato oficial a través de la mentira y los mitos.
12. El desarrollo de la riqueza y la mejora del nivel y calidad de vida de la población.	La consolidación de la pobreza e ignorancia estructurales de la población a los efectos de facilitar su dominación. El enriquecimiento obsceno de los allegados al régimen.

Tabla 7. Líder democrático vs. autocrático, dictatorial o tiránico.

Sintetizando, los lideres autocráticos:

1. Son carismáticos.
2. Asumen el poder absoluto en pro de una supuesta necesidad de los ciudadanos a los que dicen representar.
3. Imponen a los demás mediante la fuerza (legal, militar, económica o incluso física) sus decisiones.
4. Impiden el cuestionamiento a su autoridad y reprimen efectivamente toda forma de oposición o crítica.
5. Presentan signos paranoicos.
6. Se aferran al poder por todos los medios (fraude electoral, represión).
7. Carecen de la capacidad de autocrítica. Jamás reconocen sus errores.

8. Tienen rasgos mesiánicos al creen que son los elegidos y los más competentes para guiar los destinos de su pueblo.
9. Mantienen un orden interno en sus organizaciones mediante la amenaza, el castigo sistemático y la recompensa discriminada.
10. Se sienten por encima de la ley y manipulan el marco regulatorio a su conveniencia mediante un Poder Legislativo y un Poder Judicial afines.

No todos están preparados para administrar el poder. Este suele ser adictivo para ciertas personas que lucharán desenfrenadamente para mantenerlo. Es una fuente de placer y gratificación de su autoestima, que, en el fondo, está afectada.

Se requiere de gran sabiduría, templanza, coraje, aplomo, honestidad y prudencia para ejercerlo adecuadamente y con justicia. El poder tiene la capacidad de corromper a las personas.[106]

John Acton sostenía:

> *I cannot accept your canon that we are to judge Pope and King unlike other men, with a favorable presumption that they did no wrong. If there is any presumption it is the other way against holders of power, increasing as the power increases.*[107]

En la Argentina, desde el advenimiento del peronismo y su secuela –el kirchnerismo–, el poder conservado por esta fuerza política y la reacción generada como antiperonismo han afectado la gobernabilidad sistemáticamente.

El justicialismo, sustentado en el apoyo logrado en las urnas, con espíritu plebiscitario, logró imponer sus medidas populistas y cuando

[106] Se conoce como **dictum de Acton** a la frase acuñada por el historiador católico británico John Emerich Edward Dalkberg Acton en 1887 quien decía: "*Power tends to corrupt, and absolute power corrupts absolutely*", o sea, "el poder tiende a corromper y el poder absoluto corrompe absolutamente".

[107] No puedo aceptar su canon de que debemos juzgar al Papa y al Rey a diferencia de otros hombres, con una presunción favorable de que no hicieron nada malo. Si hay alguna presunción es al revés contra los detentadores del poder, aumenta a medida que aumenta dicho poder.

fue parte de la oposición, a través de las corporaciones afines dificultó, y lo sigue haciendo, el accionar de los Gobiernos que no son de su signo·

Así fue como los presidentes Frondizi,[108] Illia,[109] Alfonsín[110] y De la Rúa[111] no lograron terminar su mandato.

Al asumir el Poder Ejecutivo el presidente Mauricio Macri, en el 2015, desde el primer día llamaron a la resistencia contra un Gobierno democráticamente electo.[112]

A pesar de todos los obstáculos, paros, piquetes, campañas mediáticas y manifestaciones violentas, este fue el primer mandato de un presidente no peronista que logró finalizar su gestión desde 1958.

Un episodio para destacar está constituido por los gravísimos incidentes que tuvieron lugar entre el 14 y el 18/12/2017 cuando grupos violentos peronistas y de partidos trotskistas intentaron tomar la sede del Poder Legislativo y generaron desmanes que tuvieron repercusión

[108] Albino Gómez, La caída del presidente Arturo Frondizi. Visión desarrollista. 20/6/2017.

[109] https://www.elhistoriador.com.ar/el-derrocamiento-de-arturo-illia-28-de-junio-de-1966/

[110] Perochena, Camila. Presidentes en la tormenta. Alfonsín, asediado por la hiperinflación y los militares. La Nación. 6-6-21

[111] Lanata, Jorge. Argentinos siglo XX: Desde Yrigoyen hasta la caída de De La Rúa. Ed. Grupo Z. 2002.

[112] De Micheli a Pérsico: quiénes se sumaron al "club del helicóptero" y pidieron que Macri se vaya antes. La Nación.25/09/2018. En este artículo se menciona a Eugenio Zafaroni, exjuez de la Corte Suprema de Justicia: "Va a pasar lo mismo que en el 2001: quisiera que se fueran lo antes posible".

Pablo Micheli. CTA autónoma: "O se cae este modelo económico o estos tipos dejan el gobierno". Eduardo Duhalde. Presidente tras el golpe de Estado de 2001: "Estamos a un paso de que se vayan todos".

Emilio Pérsico. Movimiento Evita: "Este gobierno ya se fue; cuanto antes se vayan, mejor".

Hugo Moyano. Líder de camioneros: "Macri está desorientado y lo manejan, tiene ganas de rajarse".

Luis D Elia. Exdirigente piquetero. "Macri no termina su mandato; hay que conseguir que renuncie".

Máximo Kirchner. Jefe de La Cámpora. "La Argentina sabe muy bien cómo va a terminar este proceso económico porque ya lo vivió".

nefasta a nivel internacional[113] [114] [115] y fueron el principio del fin del deterioro de la imagen del Gobierno democráticamente elegido que solo dos meses antes había logrado un contundente triunfo a nivel nacional en las elecciones de medio término.

El desgaste sufrido impidió la continuidad del Gobierno de esta agrupación política y el peronismo volvió al poder con un triunvirato fáctico (Cristina E. Fernández, Sergio Mazza y Alberto Fernández) que terminó de hundir a la Argentina.

Aquí cabe una reflexión: ¿qué nos lleva a los argentinos a volver, como Sísifo, a cargar la misma piedra tantas veces? ¿Cómo es posible que se vuelva a votar a personajes que sistemáticamente se enriquecen descaradamente a expensas del Estado, que manifiestan un desprecio de las instituciones democráticas y republicanas, y que son tan incompetentes para la gestión de gobierno? La respuesta es una. Tenemos una crisis profunda de valores. Y esto se soluciona solo con educación y más educación.

Sin embargo, no todo está perdido. Ochenta años de este modelo generó el hartazgo de la población, incluso en los estamentos sociales más desprotegidos que supieron ser su sustento, dadas las consecuencias terribles de su implementación.

En noviembre de 2023 ganó las elecciones, en segunda vuelta, con el 56 % un movimiento sociopolítico nuevo (La Libertad Avanza, de tendencia liberal) y fue electo presidente un *outsider* de la política tradicional.[116] [117]

[113] Huelga y marcha con incidentes en Argentina por reforma de pensiones. SWI Swissinfo. ch. 18/12/17.

[114] Batalla campal en Argentina por reforma de pensiones. https://www.dw.com/es/argentina-batalla-campal-para-frenar-reforma-del-sistema-de-pensiones/a-41849506DW. Destacados. Política. 19/12/17.

[115] Disturbios frente al Congreso: el antecedente de 2017, el "Gordo del mortero", Patricia Bullrich y las "14 toneladas de piedras". Clarín. Política. 12/06/24.

[116] Jorge Asís El durísimo pronóstico de Asís por la presidencia de Milei: "Colapso". El destape. 04/01/24.

[117] Enrique Albistur. Video. https://www.youtube.com/watch?v=Kb_wQmTqgq8. Refiriéndose al Gobierno de La Libertad Avanza dijo: "Como les dije, compañeros, es tiempo de calma, de reflexión y sobre todo de pochoclo, no nos quedemos sin pochoclo. Esto es Semana Santa, no sabemos si cae en marzo o en abril". Reproducido por escrito el 22/01/24 en Infobae.

Desde el primer momento el pero-kirchnerismo llamó a la resistencia y sus dirigentes pronosticaron que caería en tres o a lo sumo seis meses.[118]

Con sus tradicionales y ya arcaicas herramientas de presión y extorsión (paros y huelgas muchas veces violentas, marchas, piquetes, nueva agresión al parlamento, y propaganda a través de los medios afines), intentaron condicionarlo y aprovechar la debilidad que presentaba en el Congreso Nacional.

Y como siempre repitieron, nuevamente junto a los grupos trotskistas, viejas recetas sustituyentes.[119] Solo que esta vez se encontraron frente a una firme respuesta por parte de las fuerzas de seguridad que lograron contener a los violentos y restituir el orden público.

Su accionar con el objeto de asegurar el libre tránsito y combatir el crimen organizado, así como la firmeza en la toma de decisiones por parte del Ejecutivo no solo ha permitido al Gobierno sobrevivir, sino que, a pesar de sus errores no forzados y la recesión observada en la economía en los primeros meses de gestión, logró consolidar el apoyo de un significativo segmento de la población.

Y esto se debe, en parte, a que se ha llevado la confrontación al campo de lo que se denomina "la batalla cultural" (Laje, 2022).

Lamentablemente, el Gobierno libertario comete el error de utilizar las mismas herramientas de aquellos que dice combatir y fomenta grupos de seguidores fanáticos que rememoran a grupos análogos de triste historia.[120] [121]

Los métodos propuestos por "el brazo armado de Milei" se sustentan, por ahora, en una violencia verbal peligrosa.

Así comenzaron grupos que terminaron causando estragos en su momento y pasaron de la agresión verbal a la física: las SA y las SS de Hitler, las falanges de Mussolini, los comités de defensa la revolución

[118] Andrés Fidanza. Dick Morris: "Los peronistas pueden tratar de derrocar a Milei como hicieron con De la Rúa" La política on line. 15/01/24.

[119] Protesta en el Congreso: hubo más de 30 heridos y dos detenidos tras los incidentes en la marcha contra el veto a la ley jubilatoria. Infobae. Política. 04/09/24.

[120] Lanzaron "Las fuerzas del cielo", la agrupación que busca ser el "brazo armado de La Libertad Avanza". Ámbito finaciero. 18/11/24.

[121] La Julio Argentino Roca vs. La Cámpora.

de Fidel Castro, los jefes de manzana de Perón, los colectivos chavistas de Chaves y Maduro, la Policía de la moral de Jamenei son ejemplos del riesgo de hasta dónde puede llegarse en aras del fanatismo.

Aunque sustentado en el viejo paradigma de derechas e izquierdas, este enfrentamiento ideológico es novedoso en la Argentina y el peronismo no sabe cómo lidiar con él, ya que la tilde de liberal o de derechas ha dejado de ser estigmatizante.

Esto se vio respaldado en 2025 por los resultados de las elecciones de medio término en los que LLA ganó significativamente a pesar de haber cometido el grosero error de nacionalizar las elecciones de la provincia de Buenos Aires donde fue derrotada. Gracias a hábiles negociaciones políticas y el deterioro de la unidad del peronismo, LLA logró por primera vez en este siglo que una fuerza política no peronista fuera primera minoría en diputados.

Como dije en el capítulo 1, muchos líderes argentinos tienen una tendencia a un comportamiento autocrático y a concentrar poder a expensas del respeto de las instituciones democráticas.

Esto se arraiga en una tradición caudillista que impregna nuestra cultura política como pueblo, pero además responde a una tendencia mundial en la que los políticos audaces, disruptivos, muchas veces prepotentes y maleducados con consignas concretas y precisas que responden a las necesidades de la población terminan imponiéndose con el apoyo popular.

El triunfo de Donald Trump en USA es un ejemplo paradigmático de la tendencia mundial de consolidar este tipo de liderazgo.

Esto es extremadamente peligroso en el mediano y largo plazo, dado que tanto a nivel nacional como internacional se corre el peligro de seguir a personas y no ideas.

Además, los individuos tienden a resignar sus valores, sus libertades y la defensa de la democracia y las instituciones a expensas del orden y la mejora de la economía.[122]

[122] The Economist: "Autocrats see opportunity in disaster". The Economist: 11-2, 23 de abril. 2020.

Este tipo de personajes tienden a considerar la lealtad a su persona como una virtud superior a la de la competencia,[123] lo que compensan con su predilección por los tecnócratas afines sobre los políticos a los que suelen detestar.[124]

Por otra parte, no dudan en descartar a aquellos que los apoyaron cuando tienen una postura alternativa a la suya.[125] Este tipo de actos refuerza su imagen de poder ante parte de la población, aunque sea una evidencia más de su tendencia a la autocracia, que lamentablemente se está extendiendo en el mundo (Lührmann y Lindberg, 2019).

Los líderes autoritarios tienden a poyarse mutuamente. Es así como vemos que Putin es apoyado por Kim il Sun, que envía tropas norcoreanas a morir en la guerra de Ucrania, que los principales aliados del tirano Maduro son Putin, Xi Jinping, Jamenei, Ortega, Díaz Canel y en su momento los Kirchner.

Como bien dice Gideon Rachman (2022): "El culto a la personalidad amenaza a las democracias en el mundo".

Aquí entonces conviene reflexionar sobre una frase de Martín Lutero: "No sigas a la multitud, sigue tu corazón y tus convicciones" (Fliedner, 1983).

A la luz de los acontecimientos el riesgo de la autodestrucción de la humanidad toda es factible en el largo plazo,[126] pero el deterioro de la calidad institucional y la democracia a nivel global es evidente y tendrá un alto impacto en las libertades individuales.[127]

En el capítulo 2 se muestra la herramienta que he desarrollado para evaluar a los Gobiernos y en el 7 hablo del predominio de las au-

[123] Insólito ejemplo que usó Lilia Lemoine para hablar de reactivación económica: "Pasó de arquitecto a manejar Uber". Los Andes. 24/10/24.

[124] Brenda Struminger. Milei refuerza su círculo íntimo: más poder para Serenelli, se formaliza el rol de Santiago Caputo y Reidel será asesor. Infobae. 11/01/24.

[125] Gabinete de Javier Milei: una por una, todas las bajas de funcionarios del Gobierno en 10 meses. Ámbito Financiero. 30/10/24.

[126] 4 advertencias de Stephen Hawking sobre los peligros que amenazan a la humanidad. BBC News mundo. 15/03/1918.

[127] Ramón Cardozo Álvarez. Las autocracias son contagiosas: protejamos la democracia. DW. 09/06/2023. https://www.dw.com/es/las-autocracias-son-contagiosas-protejamos-la-democracia-en-am%C3%A9rica/a-65872539

tocracias en el mundo. Recomiendo comparar la información pues es complementaria.

En la web argentopia.com.ar pueden acceder a un listado de cien ejemplos de Gobiernos autocráticos o dictatoriales desde 1900 a 2024. Cabe recordar ahora una frase lamentable atribuida a Benito Mussolini: "Solo la sangre mueve las ruedas de la historia".

El impacto en las medidas tomadas por de cada uno de ellos ha sido muy diferente (hay tiranos, dictadores, dictadorzuelos de pacotilla o solo autoritarios preautocráticos) y no se puede ni debe compararse livianamente a un Adolf Hitler con un Juan D. Perón, pues sería injusto para este último.

Todos tienen algo en común: orientaron sus actos de gobierno al solo efecto del incremento de su poder y/o riqueza personal en perjuicio del pueblo al que decían beneficiar.

A continuación, explico cómo interpretar adecuadamente dicha tabla, que por ser muy extensa no puede incluirse en el libro.

Los personajes están ordenados cronológicamente.

En la columna 2 podrán observar que hay ejemplos de países de los cinco continentes.

En la columna 4 he tratado de diferenciar entre autocracias y dictaduras, aunque algunas de estas han sido tiranías sanguinarias.

Al efecto de este trabajo, considero dictador al que ejerce un poder ejecutivo férreo con cooptación del Poder Legislativo que le es totalmente afín. Este se comporta como una mera escribanía habiendo una falta total de respeto de las minorías o las otras fuerzas políticas, cuando las hay.[128] También está el caso en que la legislación es un atributo del propio autócrata.

[128] En los países comunistas hay partido único. En este artículo se menciona: "… durante el último año (2022), el número de países en vías de autocratización aumentó de 33 a 42 –un nuevo récord–, mientras que solo 14 países lograron democratizarse durante este período. Hoy en día, 2 de cada 3 personas en el mundo –5.7 billones de personas– viven bajo regímenes autocráticos. Estos datos revelan que, durante la última década, "más de 35 años de avances democráticos en el mundo se han evaporado".

En cambio, el tirano es un dictador que además tiene un dominio absoluto sobre el Poder Judicial. En este caso maneja a su antojo los hilos del Estado.

En la columna "total de años "está registrada la cantidad de años en las que duró en el poder.

Fidel Castro de Cuba, Paul Biya de Camerún, Kim Il-Sun de Corea del Norte, Teodoro Obiang Nguema de Guinea Ecuatorial, Leopoldo II de Bélgica, Muhamar Kadafi de Libia y Denis Sassou-Ngueso de la República del Congo están o estuvieron en el poder más de 40 años.

Muchos de ellos han causado en conjunto millones de víctimas. El número de víctimas reales es imposible de rastrear dado que se presta a distintas interpretaciones según las fuentes utilizadas, la metodología estadística y el criterio de los investigadores. Muchas veces se trata solo de estimaciones por lo cual se advierte de la necesidad de cotejar siempre los datos mencionados. La elaboración de la tabla ampliada de la web así como la sintética (tabla 8) han sido ampliamente documentadas. Se contabilizan las muertes por combates en el frente o retaguardia; homicidios políticos, raciales o religiosos; las muertes en privación de libertad o en centros de detención por maltratos, inanición, enfermedades, torturas o ejecución; ya sean ocurridas en el arresto, en el traslado o en el confinamiento; y las muertes derivadas de deportaciones, inaniciones o desapariciones forzadas así como las víctimas fallecidas tiempo después de una guerra, dictadura o genocidio y las muertes por calamidades de las dictaduras, como epidemias y hambrunas. Los heridos, inválidos, desertores, exiliados y deportados, y la aplicación negativa de las tasas de crecimiento por descenso de la natalidad no se incluyen en la lista. Las muertes ocasionadas por intervencionismos indirectos en guerras, dictaduras y genocidios extranjeros se contarán como pertenecientes a estos, no como parte de la historia de los países interventores. No se incluyen las debidas a desastres naturales, como inundaciones o movimientos sísmicos, o los obituarios ajenos a la intervención política, como defunciones naturales o accidentes laborales.[129]

[129] Criterios adaptados de "Victimario Histórico militar-Cap. III. Otras importantes guerras, dictaduras y genocidios el siglo XX. De 300000 a 920000 muertos". De Re Militari. 1985.

La aclaración anterior así como los datos expresados en la lista de la web surgen del análisis de numerosas fuentes bibliográficas que por su cantidad resulta tedioso nombrarlas; pero pueden consultarse mediante Google u otro buscador. Por su impacto en nuestro país, solo menciono dos fuentes fidedignas del total de muertos y desaparecidos durante la dictadura de Juan Domingo Perón entre 1943 y 1955, los relacionados con el accionar de la Triple A y los generados durante la dictadura de Jorge Rafael Videla y sus sucesores.[130] [131] [132]

País	Líderes autocráticos	Muertos y desaparecidos
China	Mao Tse Tung.	78.000.000
URSS	José Stalin	23.000.000
Alemania	Adolfo Hitler	17.000.000
Bélgica	Leopoldo II	15.000.000
Japón	Hijedi Tojo	5.000.000
Turquía	Ismail Evar Pashá	2.500.000
Camboya	Saloth Sar (Pol Pot)	1.700.000
Corea del Norte	Kim Il Sun	1.600.000
Etiopía	Maihitsu Haile Mariam	1.500.000
Nigeria	Yakubu Gowon	1.100.000
Italia	Benito Musolini	938.000
Uganda	Idi Amín Dadá	305.000
España	Francisco Franco España	140.000
México	José de la Cruz Porfirio Díaz Mori	26.000
Venezuela	Nicolás Maduro	9465

[130] Ministerio de Justicia. Secretaría de humanos. Archivo nacional de la memoria. Registro Unificado de Víctimas del Terrorismo de Estado. Informe Ruvte. 8631 víctimas (7018 desaparecidos y 1613 muertos). 2015. Presidencia de Cristina Kirchner.

[131] Según el informe Nunca Más de la Conadep de 1984, las víctimas fueron 8960.

[132] La Triple A, el embrión que alumbró el terrorismo de Estado en la Argentina. Sus crímenes contaron con el apoyo y la protección del gobierno peronista. Editorial Clarín. 14/01/2007.

Argentina	Jorge Rafael Videla y sucesores	8631
Cuba	Fidel Castro	7062
Argentina	Juan Domingo Perón	1200
Argentina	Juan Domingo Perón/María Estela Martínez	900
Cuba	Raúl Castro	572

Tabla 8. Muertos/desaparecidos en cada régimen[133]

Aún hoy gobiernan o detentan una cuota importante de poder líderes autocráticos de todas las latitudes:

Entre otros podemos destacar:[134]

1. Jair Bolsonaro en Brasil
2. Nayib Bukele en El Salvador
3. Rafael Correa en Ecuador
4. Recep Tayyip Erdogan en Turquía
5. Ali Hoseini Jamenei
6. Xi Jinping en China
7. Jaroslav Kaczynski en Polonia
8. Cristina E. Fernández en la Argentina
9. Nicolás Maduro en Venezuela
10. Narendra Modi en India
11. Víctor Orban en Hungría
12. Daniel Ortega en Nicaragua
13. Vladimir Putin en Rusia
14. Donald Trump en Estados Unidos
15. Kim Jong Un en Corea del Norte

[133] Hasta la fecha de la redacción de este texto.

[134] El gobierno del hombre fuerte ha estado asociado a la violencia, las conquistas y la anarquía internacional. Así es la liga de los líderes autoritarios que presiden Vladimir Putin y Xi Jinping. El debate. 31/10/2022.

El caso de Javier Milei es digno de un análisis psicosocial que escapa a mis capacidades. Sin embargo, intentaré expresar mi opinión en la forma más objetiva posible.

Se trata de una persona que tiene claro cuál es el enfoque que desea darle a la economía.

Cuenta con un equipo sólido en ese aspecto y, gracias a la capacidad de gestión de profesionales como Luis Caputo, Federico Sturzenegger y Santiago Bausili y sus colaboradores, han logrado estabilizar la macro con apoyo explícito del Gobierno de EE. UU. Sin embargo, parafraseando al Prof. Letamendi,[135] "el economista que solo de economía sabe, ni economía sabe".

Su talón de Aquiles es su discurso dogmático y excluyente y su sentimiento místico de que ha sido elegido "por las fuerzas del cielo" a liderar un cambio anarco libertario no solo en la Argentina, sino en el mundo.

Esto hace que se suba a su ego y desde allí desprecie agresivamente a quienes no pensamos como él, total o parcialmente.[136]

Incluso suele maltratar a sus aliados en la búsqueda de la hegemonía en el espacio libertario argentino.

Es probable que en el mediano plazo logre sus objetivos, sobre todo si, esperemos que así sea, logra resultados positivos en lo económico.

Pero es conveniente que tenga en cuenta que, en el largo plazo puede haber consecuencias no deseadas en el futuro, una vez logrado el éxito en lo económico. Un ejemplo histórico válido es el de Sir Winston Churchill que fue derrotado en las urnas una vez logrado el triunfo en la Segunda Guerra Mundial (Larres, 2020).

Envalentonado por el apoyo de personajes internacionalmente influyentes como Trump o Musk no duda en, al igual que Cristina Kirchner, salir a dar cátedra en los organismos internacionales cuyos miembros observan azorados el fenómeno.

[135] José de Letamendi, destacado patólogo y profesor de las Universidades de Madrid y Barcelona dijo: "Quien sólo de medicina sabe, ni de medicina sabe".

[136] Un chiste muy difundido en América Latina es "¿Cómo se suicida un argentino? Se sube a su ego y se arroja desde allí".

No es que no tenga razón en algunos de sus dichos, sino que comente el grave error de no respetar las formas.

Ser disruptivo sirve para ganar elecciones y arrastrar a las masas tras su voluntad, pero para gobernar se requiere pragmatismo, prudencia, coraje, templanza y sabiduría.

Se consigue lo que se negocia y no lo que se cree merecer. Y la negociación requiere de diálogo y construir con paciencia posiciones de fuerza mediante alianzas estratégicas y creación de circunstancias propicias. Tras la debacle de la derrota en la provincia de Buenos Aires, se ha notado un cambio de actitud favorable que esperemos no solo dure sino que se profundice. El gran reto del presidente Milei es transformarse en un Hombre de Estado y eso conlleva un proceso de aprendizaje y cambio muy difícil pero posible.

Si cree, al igual que Trump, que el que ejerce el poder puede hacer lo que le plazca, comete un grave error.

Un caso sin precedentes en 250 años de la diplomacia norteamericana ha sido el destrato de Trump y Vance en el salón de la Casa Blanca, donde le tendieron una emboscada a Zelensky para imponerle sus pretensiones de quedarse con la explotación de tierras raras de Ucrania y apoyando a Putin en su accionar. Esto lo único que logró fue fortalecer la imagen del presidente ucraniano y aglutinar a Europa detrás de él.[137]Esto se ve reforzado por su plan de paz para el conflicto.[138]

Numerosos lideres autocráticos abusaron de su poder. Hitler, Stalin, Mussolini, Castro, Chávez, Maduro o Perón entre demasiados otros. Algunos de ellos lograron finalizar sus días ejerciéndolo y otros terminaron perdiendo su vida dramáticamente.

Siempre a expensas, a largo plazo, de la felicidad de su pueblo.

En todos estos casos, si tomamos en cuenta la teoría de juegos diríamos que de seguir con esta estrategia agresiva en el largo plazo

[137] Thomas Friedman. La pelea Trump-Zelensky: Esto nunca había pasado con un presidente norteamericano antes. La Nación. 01/03/2025. Para el autor lo sucedido en el salón Oval es una "perversión total de la política exterior de EE. UU.".

[138] Jaroslav Lukiv. Trump dice que el plan de 28 puntos para poner fin a la guerra de Ucrania no es la "oferta final" para Kyiv. BBC News Mundo.23/11/2025

es seguro que se quebraría el *Tit for tat*, y esto tendría consecuencias desagradables para todos.[139]

Por otra parte, los líderes uruguayos no dejan de dar cátedra de convivencia democrática al resto de Sudamérica con el respeto irrestricto a las organizaciones y a los adversarios políticos que ganan las elecciones logrando con ese accionar la posibilidad de sostener políticas de Estado y dar una imagen de solidez institucional y estabilidad jurídica.[140]

Domingo Faustino Sarmiento *dixit*:

> *La popularidad es la base de las tiranías en las repúblicas. César era el romano más popular. Ningún general ha tenido más partidarios que Napoleón quien como César, se valió de ellos y de su ejército para ahogar la República. El período designado por nuestras constituciones para el ejercicio de la presidencia y la prohibición de ser reelectos no tienen otro objeto que estorbar que los caudillos se valgan de su popularidad y de sus ejercicios para alzarse con el mando y hacerse vitalicios.*

Este tema es crucial y constantemente vemos a presidentes, gobernadores e intendentes tratando de modificar las leyes y las constituciones a fin de perpetuarse en el poder. El mandato de seis años de la constitución de 1853, sin reelección, era sabio.

Otro impacto en la calidad de vida y salud de las personas que resulta difícil de cuantificar es el producto de la corrupción y los groseros errores de gestión. Estos también matan.

[139] Tit for tat, concebida por Anatol Rapaport, en un torneo organizado por Robert Axelrod es considerada la estrategia óptima en la teoría de juegos. Consiste en ser colaborativo hasta que el adversario nos agreda, entonces tomamos una medida equivalente a la recibida, pero perdonamos fácilmente una vez que contratacamos. El escalar en los ataques es contraproducente para ambas partes.

[140] "El país es uno solo y lo construimos entre todos", dijo Yamandú Orsi tras recibir la banda presidencial de manos de Luis Lacalle Pou. Ámbito Financiero. 01/03/2025. "Estoy a la orden" el mensaje de Lacalle Pou para Yamandú Orsi. Ámbito Financiero. 01/03/2025.

Un ejemplo: según Reuters, al 15/07/2022 en la Argentina se habían producido 9.426.171 contagios por COVID y 129.145 muertos.[141]

Si bien la Argentina mostró un exceso de muertes entre 2020 y 2021 que solo estuvo por encima de EE.UU., Chile y Uruguay, ocupando el 8.º lugar entre once países de América evaluados,[142] también es cierto que un número indeterminado podría haberse evitado si el Gobierno hubiera aceptado los 6 millones de dosis de vacunas ofrecidas por Pfizer.[143]

No cabe duda de que la incompetencia de los funcionarios en la toma de decisiones a nivel municipal, provincial o nacional tiene un impacto negativo que debería cuantificarse.

Tomemos como ejemplo los 16 años de gestión kirchnerista.

Si se hiciera un análisis detallado del costo que hemos pagado los argentinos por los errores de gobierno (nacionalización de YPF o manejo de la pandemia, entre otros), es probable que supere los costos pagados por hechos de corrupción.

Resumiendo: el concepto de liderazgo ha evolucionado desde el líder carismático al del liderazgo multidireccional donde, con un adecuado empoderamiento de los colaboradores, se logra desarrollar en cada miembro de la organización sus características de líder y, por ende, bajo condiciones controladas por la alta dirección, facilita la propuesta de cambios que serán tenidas en cuenta.

Una anécdota puede servir de ejemplo del modelo.

A los 32 años asumí la jefatura a cargo de la División de Radiodiagnóstico del Hospital General de Niños Pedro de Elizalde de la ciudad de Buenos Aires. Una de mis primeras medidas fue solicitar a la Dirección mejorar la limpieza del servicio. Un día, al ingresar, lo encontré impecable. Llamé a la nueva responsable. La felicité por la tarea realizada. María, así se llamaba, con lágrimas en los ojos, me contó que era la pri-

[141] Reuter. Covid 19 tracker. Argentina.15/07/2022. https://www.reuters.com/graphics/world-coronavirus-tracker-and-maps/es/countries-and-territories/argentina/

[142] Irene Hartmann: El impacto del Covid en Argentina: el Gobierno confirmó cuantas más muertes causó en el año más duro. Clarín.14/03/23.

[143] El director del fondo COVAX confirmó que el Gobierno le pidió que no enviará vacunas de Pfizer a la Argentina. Infobae. 01/06/21.

mera vez, en más de diez años que un jefe le había reconocido su labor. Participaba en los talleres de mejora. En uno de ellos me recomendó suplantar un producto por lavandina; sus argumentos fueron que era más económica y además más fácil de conseguir dado que había *stock* en el depósito. Por supuesto agradecí la sugerencia y modifiqué el formulario pertinente. En este caso, con adecuada motivación y reconocimiento, se puede ver cómo aún el personal más raso puede hacer que el líder realice cambios y eso es ejercer su cuota de liderazgo.

Históricamente, los modelos de liderazgo aplicados en América Latina, incluida la Argentina, son uno de los factores que justifican nuestro atraso y decadencia, y es una de las causas fundamentales que impiden la modernización y progreso de la Nación y del resto del continente.

Medidas aplicables

Todo esto requiere por parte de la alta dirección y los responsables de las áreas involucradas dar evidencia de su compromiso con el cambio requerido.

Algunas de las medidas son:

* Establecer una unidad de propósitos y el rumbo que debe llevar la organización.

* Dirigir, gestionar, desarrollar y motivar a las personas para alinearlas con las estrategias, la política y los objetivos.

* Establecer[144] la misión, la visión, los valores, la política de gestión integrada e integrable, y los procesos de la organización.

* Favorecer y sostener un ambiente físico, psíquico y social interno donde las personas tengan la posibilidad de involucrarse completamente en el alcance de los objetivos.

* Reconocer equitativamente los logros personales y en equipo de los colaboradores.

[144] Definir, documentar, comunicar, notificar y asegurarse del entendimiento.

* Asegurar una comunicación interna fluida, práctica, positiva y constante que permita un adecuado flujo de la información y la participación ordenada en la toma de decisiones.

* **Desarrollar el empoderamiento de los mandos medios.**

* Delegar poder para construir más poder y disponer del tiempo rcquerido para gestionar adecuadamente los procesos de dirección.

* Proveer el modelo de conducta de acuerdo con los valores mediante el ejemplo y la práctica.

* Tener una conducta coherente con la misión, visión, política y los objetivos enunciados.

* Ser el primero en reconocer los errores y demostrar la decisión de aprender de ellos.

* Establecer un plan estratégico que dé certidumbre a todos los colaboradores sobre las acciones, los tiempos, los recursos, las responsabilidades.

* Comprender y considerar el contexto interno y externo, así como a todas las partes interesadas relevantes para la toma de decisiones.

* Dar evidencias objetivas de su compromiso con la mejora.

* Fijar los objetivos y realizar el seguimiento de su cumplimiento.

* Someterse a las auditorías internas y externas. Tomar acciones correctivas si los hallazgos así lo exigieran.

* Considerar las opiniones de las partes interesadas relacionadas con el proceso.

* Establecer la cultura de la confianza, la integridad, la imparcialidad, la transparencia y los modelos éticos en todos los niveles.

* Asegurarse el conocimiento y aplicación adecuada de los requisitos establecidos por parte de todos los involucrados en un proceso.

* Participar, cuando sea aplicable, en las reuniones de mejora del desempeño de la organización.

* Promover y apoyar a los líderes de proyecto y de los equipos de mejora de procesos.

* Seguir el desempeño de los procesos y de las personas en forma perceptible por el resto del personal con el foco puesto en la mejora y no en las sanciones.

* Participar activamente en el diseño y control del programa de actualización de los niveles de competencia de todo el personal incluida la propia dirección.

* Realizar las revisiones por la dirección incluyendo el análisis de los resultados de las auditorías internas y externas de segunda y tercera parte, los indicadores, las encuestas de satisfacción y otras fuentes de información.

* Establecer una política de reconocimientos equitativa.

* Asegurar los recursos requeridos para la ejecución del plan operativo anual.

* Definir con precisión las autoridades, responsabilidades y perfiles requeridos, por funciones, por proceso y por proyecto.

* Aplicar efectivamente un método de delegación responsable (*empowerment,* empoderamiento) fortaleciendo la capacidad decisoria de los mandos medios.

* Promover la gestión de redes y el uso de las herramientas digitales y la IA para la mejora de los procesos.

Resultados posibles

Todas las medidas mencionadas permitirían, de ser bien aplicadas, lograr:

* El alineamiento de todos los colaboradores con la misión, la visión y los valores de la organización.

* Que las actividades se coordinen, implementen y evalúen en forma integrada gracias a la visión sistémica y empoderamiento de los niveles intermedios.

* Que el personal conozca y aplique la política de gestión integrada.

* Que se gestione por objetivos y resultados.

* Una buena comunicación entre los niveles de la organización facilitando el intercambio de opiniones y la contribución participativa del personal.

* Un clima basado en la confianza generado por la comunicación efectiva que reduce los costos de mala gestión por estrés, miedo o conflictos (por ejemplo, es de esperar una mejora del presentismo).

* Un aumento de las contribuciones del personal a la mejora de los procesos que aseguren un buen ritmo en el avance de la implementación de los procesos de mejora.

* Una mejora en la provisión y uso de los recursos necesarios.

* Una adecuada formación del personal (profesionalización).

* Que el personal trabaje con responsabilidad e idoneidad en un marco de mayor libertad.

* Que el personal considere las necesidades de todas las partes interesadas en forma equilibrada al momento de implementar el sistema de gestión integrado y llevar a cabo los procesos.

* Que se aprovechen los contactos para hacer más eficiente la gestión de las redes.

* Que todo el personal desarrolle una cultura de la calidad y la seguridad, y gestione adecuada mente los riesgos inherentes a sus tareas.

* Contar con un sistema de gestión de la información fluido, rápido y efectivo.

* Que los contactos de los líderes de la institución, dentro y fuera de la organización le permitan tener acceso a la información de todas las partes interesadas y, por ende, sumarlos efectivamente a la cadena de valor.

Recordemos que para ser un buen líder se requiere tener "pasta", conocimientos y contactos.

Todas estas medidas dan un marco de referencia sostenido desde la más alta dirección que aumenta el nivel de certidumbre dentro y fuera de la organización generando un clima positivo y de confianza.

COMPROMISO DE LAS PERSONAS

Participación efectiva y desarrollo del factor humano

Solo en un clima de libertad de acción y de diálogo es posible llevar a las organizaciones hacia un terreno en que los intereses del organismo público o la empresa no sean incompatibles con los de las personas y su trabajo.

A las organizaciones las hacen los hombres, decía San Ignacio de Loyola.

Como "persona" me niego a ser denominado recurso[145] o capital humano[146]. Somos un factor porque cambiamos los resultados de los procesos de acuerdo a nuestro estado psíquico, físico o social y eso no acontece con ningún recurso o capital.

Dado que los individuos relacionados con una cadena de valor tienen un altísimo impacto en el alcance de los objetivos estratégicos y los resultados operativos se justifica que cinco de los principios y todo un subsistema del SGIeI se refieran a ellos.

Aquí cabe hacer una reflexión entre compromiso e involucro.

Una vez, escuchando una conferencia de Masaki Imai en la fundación Bunge y Born, él explicó que, para llevar a cabo exitosamente un sistema de gestión, se requería el compromiso de la alta dirección (los líderes) y el involucro del personal. Y que esto se parecía al desayuno americano, donde se comen huevos y tocino frito.

Entonces destacó: "La gallina está involucrada, pero el chancho está francamente comprometido". Y agregó: "El compromiso duele".

[145] RR. HH.: término acuñado por primera vez por el economista John R. Commons en 1894, aunque no se popularizó a partir de 1910.

[146] En 1928 Arthur Cecil Pigou habló de "inversión en capital humano", señalando que se puede invertir en las personas de manera similar a como se invierte en capital material. Este concepto se popularizó a partir de 1960 con los trabajos de Theodore W. Schultz , Gary Becker y Jacob Mincer.

Esta enseñanza me resultó clarificadora y desde entonces insisto en mis conferencias sobre liderazgo y trabajo en equipo en varios ítems destacables.

1. El líder debe estar dispuesto a sacrificios que no puede exigirle a su personal.
2. Debe siempre ser ejemplar y no pedir lo que no está dispuesto a hacer.
3. Siempre debe respaldar al personal que comete errores de buena fe cuando sigue sus requerimientos.
4. El líder debe asegurarse de la competencia de su personal antes de delegarle una tarea y realizar o solicitar el control de desempeño para asegurarse de la eficacia.
5. Por más participativo que sea, debe asegurarse de que sus colaboradores sepan que en el momento de la toma de decisiones siempre está solo y es el que asume la total responsabilidad de los resultados.
6. El líder debe preferir ser justo a ser bueno, pues, si hace excepciones, estas afectarán el clima organizacional.
7. Delegar poder implica contar con más poder dado que el líder podrá dedicarse a sus tareas específicas.
8. Debe estructurar una política de reconocimiento sobre la base del grado de involucro y la efectividad lograda por sus colaboradores.
9. Recordar que uno gestiona una cadena de valor que comprende a los proveedores y demás partes interesadas a las cuales es conveniente involucrar en el sistema de gestión.
10. El líder debe dar evidencia de su compromiso mediante acciones concretas, verificables y registradas.

Las personas competentes, empoderadas, involucradas y comprometidas de toda la organización son esenciales para aumentar su capacidad para generar y proporcionar valor.

El factor humano, con independencia de su función, es esencial para el aseguramiento del adecuado desempeño de las organizaciones.

De su nivel de competencia y su participación coordinada y activa depende la eficacia y eficiencia de los procesos.

Sus talentos y capacidades deben ser aprovechados para beneficio de la organización y los ciudadanos-clientes-usuarios.

Es importante que el personal perciba que su trabajo es valorado y reconocido en forma equitativa y sistemática.

También lo es respetar e implicar a todas las personas en todos los niveles. Solo así estas desearán participar con creatividad e innovación, contribuyendo en la mejora.

Es común observar cómo se selecciona personal sin tener en cuenta los perfiles del cargo y cómo las organizaciones se desentienden de su responsabilidad de asegurar su competencia.

En una oportunidad, en 1994, tuve una discusión con un subsecretario de Estado de la Secretaría de la Gestión Pública, durante el Gobierno de Carlos Menem. Este hombre hacía hincapié en la necesidad de cubrir los cargos críticos con militantes de su partido.

Mi respuesta fue que la militancia servía para ganar elecciones, pero no para gobernar eficientemente y que para esto se requería convocar a los mejores sin importar su color político siempre y cuando sostuvieran el criterio de que primero están los intereses de la Nación ante los de la facción.

Por supuesto, hizo caso omiso a mi reflexión.

Lo más lamentable es que los Gobiernos posteriores, salvo honrosas excepciones, siguieron su patrón de conducta.

También es común ver cómo muchos "líderes" tienden a desentenderse de su responsabilidad cuando aparecen errores debido a una mala selección o actualización de competencias de los funcionarios por ellos designados.

Es característico observar cómo en las planificaciones relacionadas con cambios de procesos, estructura o equipamientos no se considera la necesidad de actualizar las competencias del personal tal como lo indican las más elementales pautas de gestión.

La actualización de competencias debe considerar como mínimo lo relacionado con

1. el estado de la organización y su entorno
2. sus responsabilidades por función, por proceso y por proyecto.
3. las herramientas estadísticas y de gestión aplicables;
4. la informática requerida, incluida la IA;
5. el conocimiento de idiomas si es necesario.

Un proceso de alto impacto en la organización es el de selección del personal.

Los cargos deben ser ocupados por los más idóneos en función de su nivel de competencia y no por razones de militancia o relaciones de amistad, parentesco o, peor aún, de afinidad afectiva.

De allí que el sistema de selección en el Estado debe ser por concurso y el de promociones, por carrera.

El programa de inducción es clave para garantizar que la persona que ingresa a la organización se integre efectivamente a ella en el menor tiempo posible.

En www.argentopia.com.ar el lector puede acceder a un modelo de programa de inducción.

El control de gestión de los programas de actualización de competencias del personal (ACP) es clave para detectar las oportunidades de mejora.

Se recomienda contar con por lo menos los siguientes indicadores:[147]

[147] Basado en el DS2112_R0_CMD_Material elaborado por el Dr. Pittaluga, Roberto; la Lic. Florencia Pittaluga, la Dra. Alicia Nora Luis y cols. para un curso de capacitación desarrollado para el Ministerio de Salud del Chaco. 2008.

1. % Personal capacitado efectivamente / inscriptos (general y por especialidad).
2. % Horas dictadas o de entrenamiento / horas planificadas.
3. % Respuestas satisfactorias /total de respuestas válidas (encuestas de satisfacción de los educandos al final de cada proceso de enseñanza-aprendizaje).
4. Datos e indicadores de gestión de cada actividad de enseñanza aprendizaje elaborados por el responsable.
5. % del personal que cumplió con los requisitos de aprobación de la tarea, cuando aplique.
6. Si la ACP se relaciona con una acción correctiva para la mejora de un proceso puntual, verificar el impacto en los indicadores relacionados.

Medidas aplicables

* Establecer actividades a fin de lograr que el personal se involucre con la mejora continua de la organización (por ejemplo: círculos de calidad; comités de mejora de desempeño; comités de la calidad, de seguridad y salud ocupacional, salud ambiental; y específicos, como por ejemplo en salud: de control de historias clínicas, de bioética, de control de infecciones, de gestión de la tecnología; o en educación: de actividades con la comunidad, actividades extracurriculares, de mejora de las competencias de los docentes, de informática, de creatividad e innovación, etc.).

* Promover una participación efectiva del personal (con resultados evidentes) en el aseguramiento de la eficacia del SGIeI a través de un sistema de reconocimiento en función de los resultados por equipo, área, proceso o proyecto.

* Definir claramente los roles y funciones (organigrama y manual de funciones y perfiles de cargo. Organizaciones modernas y muy tecnificadas trabajan por proyecto y no requieren de estos documentos.

* Analizar las brechas de competencia entre el perfil deseado y el real.

* Establecer un método de evaluación de desempeño que incluya el grado de cumplimiento de los objetivos y metas personales en consonancia con los de los equipos y los institucionales.

* Relevar sistemáticamente las necesidades de actualización de competencias del personal.

* Diseñar y desarrollar procesos de enseñanza-aprendizaje que permitan asegurar dicha actualización.

* Seguir y medir la eficacia de la implementación de los procesos de enseñanza-aprendizaje y su impacto.

* Desarrollar una política de reconocimiento equitativa basada en una evaluación de desempeño.

* Promover el ascenso por carrera sobre la base del mérito.

* Facilitar la toma de decisiones a los responsables de proceso bajo condiciones controladas y validadas.

* Actualizar de forma sistematizada los niveles de competencia de todo el personal a fin de responder de la forma más adecuada posible a los requisitos del sistema de gestión que permitirá el diseño de programas más equitativos y efectivos.

* Realizar evaluaciones de clima organizacional y satisfacción de los miembros de la organización a fin de captar oportunidades de mejora.

Resultados posibles

* La mejora del nivel de motivación e involucro del personal con la mejora del desempeño global.

* El aumento de la capacidad de innovación y la creatividad a fin de promover cambios beneficiosos para la organización, su personal y sus clientes.

* La toma de conciencia por parte de los funcionarios, los profesionales, los técnicos, los administrativos y el resto del personal respecto a:

- su autoridad y responsabilidad
- sus derechos y obligaciones
- su interrelación en la gestión por procesos
- su interdependencia para la detección y resolución de problemas
- el valor agregado que le da su trabajo a la organización
- la importancia de su contribución.
- el alcance y las limitaciones de sus tareas habituales.

* El hábito del trabajo en equipo, la discusión abierta y resolución participativa de los problemas que favorece la generación de conocimiento contribuyendo al desarrollo de una organización inteligente·

* Que el personal se sienta y actúe como parte de la solución y no sólo del problema.

GESTIÓN DE LAS RELACIONES

Con el proveedor y otras partes interesadas que agreguen valor

Las organizaciones públicas y privadas y sus proveedores (y otras partes interesadas) *son interdependientes y pueden resultar mutuamente beneficiados si combinan la habilidad de todos para articular armoniosamente sus respectivas interfaces en la creación de valor.*[148]

Lamentablemente, en muchas oportunidades la relación con los proveedores se establece sobre la base ganapierde en la cual el proveedor trata de vender sus productos y servicios al mayor precio posible, mientras los responsables de las organizaciones tratan de adquirir dichos productos y servicios en las condiciones más favorables, ambos sin tener en cuenta las necesidades de la contraparte.

[148] Basado en la norma ISO 9000:2015.

Mucho peor es cuando algunos responsables de la organización se ponen de acuerdo con el proveedor para obtener beneficios espurios. En ambos casos, pero sobre todo en el segundo, el principal perjudicado es:

1. **En el sector público,** el ciudadano/contribuyente que no ve reflejado en los productos y servicios recibidos la calidad y seguridad esperados en función de los impuestos pagados.
2. **En el sector privado,** los accionistas y clientes. Los primeros porque se afecta la renta de la empresa y los segundos por el sobreprecio pagado en consecuencia.

A esto se agrega que parte de los insumos y servicios requeridos son adquiridos en el sector público por el nivel central que es quien mantiene dicha relación, en la cual las dependencias y organismos y otros efectores tienen una injerencia escasa.

En las organizaciones privadas, muchas veces es el sector de compras y contrataciones la que cumple un rol análogo sin participación de los receptores de los productos y servicios adquiridos. Esto lleva a limitar las actividades conjuntas al proceso de compraventa-mantenimiento-reparación según el caso.

Algunos proveedores tratan de crecer a expensas de las organizaciones y desde estas muchas veces se presiona para obtener ventajas puntuales y circunstanciales relacionadas con los precios y condiciones de compra y pago.

Muchas veces todo esto acontece en un ambiente de desconfianza mutua.

En otros casos, como hemos dicho anteriormente, la ambición de los interlocutores directos afectan los intereses de la propia organización y lo que es más grave la calidad y seguridad de los servicios prestados o los productos adquiridos.

Este principio, por el contrario, apunta a que ambos, proveedor y la organización extiendan su relación a otros planos, tratando de potenciar sus esfuerzos en la búsqueda de un recíproco provecho.

Esto implica que los proveedores y las otras partes interesadas conozcan y compartan los valores, la visión, los objetivos, los conocimientos, la experiencia y sus respectivos recursos para agregar valor a los procesos en los que intervienen.

La idea es entonces que los proveedores aspiren a crecer con la organización y no a expensas de ella.

Para ello es importante que, a través de una comunicación efectiva, se logre la comprensión mutua dentro del marco normativo existente.

También lo es que la organización pública o privada cuente con una sistemática para la selección, seguimiento y calificación de los proveedores que les permita a ambos contar con información objetiva sobre su desempeño y el de la relación a fin de poder detectar las oportunidades de mejora.

Ambos, la organización y el proveedor deben reconocerse como parte de una misma cadena de valor.

Por otra parte, es indispensable que los responsables de los procesos de adquisición de productos y servicios, así como los proveedores se sometan a prácticas transparentes y de libre competencia ajustándose a la normativa de *compliance* (Ley 27401 de responsabilidad penal de las personas jurídicas; las normas ISO 37000 (gobernanza), 37001(Sistema de gestión antisoborno) y 37002 (canales de denuncia)).

El cohecho y el tráfico de influencias son delitos y deben ser sancionados ejemplarmente y a la brevedad, y deben ser imprescriptibles.

Es una vergüenza que los juicios por corrupción tarden años sin llegar a sanciones ejemplares para toda la sociedad. Esto fomenta la cultura de la falta de respeto de la norma que nos caracteriza.

Hay otras partes interesadas que también tienen diferente grado de impacto en los resultados de los procesos y que deben considerarse.

En este caso es conveniente analizar, si es posible en conjunto, qué requerimos de ellas y qué necesitan de nosotros para una adecuada interacción.

Del Gobierno con la comunidad

Los tres estamentos del Gobierno (nacional, provincial y sobre todo municipal) deben articular con la comunidad a la que sirven mediante una adecuada comunicación y contemplar su participación organizada y controlada en los proyectos que se llevarán a cabo.

Ya sea personalmente (en equipos de voluntarios) o mediante las organizaciones a las que pertenecen (escuelas, sociedades de fomento, centros de jubilados, iglesias, sindicatos, cámaras empresariales, clubes sociales y deportivos, cooperativas, asociaciones civiles, etc.), el ciudadano/contribuyente puede ser involucrado activamente en las acciones de gobierno agregándole valor y sentido de pertenencia al compartir la responsabilidad del resultado alcanzado.

Como ejemplo, en nuestro caso lo hicimos en un proyecto en la localidad de Hermoso Campo, en el Chaco, donde interactuamos voluntarios, el hospital, las escuelas secundarias, el municipio, el Ministerio de Salud y el de Educación provinciales, y una organización no gubernamental. Mediante el aporte del Ministerio de Salud de Finlandia, logramos en el plazo de un año acompañar a parejas de adolescentes en su embarazo no programado, a terminar la secundaria e incluso en 5 casos a continuar con estudios superiores.[149]

Otro ejemplo es cuando el sistema educativo o de formación profesional considera las necesidades y características de la población y establece escuelas bilingües a fin de que los egresados ejerzan en su propia comunidad. Tal es el caso de la escuela de enfermería intercultural bilingüe (español y toba) en Pampa del Indio que aún continúa en funciones.[150]

Medidas aplicables

Con el proveedor y otras partes interesadas que agreguen valor

[149] Proyecto Madres Adolescentes Saludables, Hermoso Campo. Chaco. 2008-2009.

[150] Entrevista a la Dra. Alicia Nora Luis, exdirectora de la Escuela de Salud Pública del Chaco.

Interactuar, cuando sea aplicable, con el proveedor y otras partes interesadas para lograr resultados adecuados en:

* El uso de la información sobre los costos del producto o servicio adquirido teniendo en cuenta las garantías, el desempeño, el precio y las actividades de entrega y posventa, y cuando sea aplicable: necesidades de competencia del personal, uso, mantenimiento, insumos, repuestos y otros aspectos claves para la toma de decisiones de compra (Pittaluga-1999).

* Los criterios para verificar la adecuación de los productos a los requisitos establecidos.

* Los criterios para selección, evaluación, seguimiento, calificación y reconocimiento del proveedor.

* Los requisitos de acceso a las instalaciones del proveedor por parte del personal a fin de evaluar mediante una auditoría de segunda parte el cumplimiento de los requisitos.

* La administración de los contratos y las garantías.

* El tratamiento de los productos o servicios no conformes suministrados por el proveedor y otras partes interesadas.

* La determinación de acciones correctivas y preventivas.

* Los criterios para la identificación y trazabilidad de los productos y servicios brindados por el proveedor y otras partes interesadas.

* Las pautas para el desarrollo del proveedor, de otras partes interesadas y de la organización en conjunto (por ejemplo, a través de programas de capacitación compartidos).

* La identificación y mitigación de los riesgos asociados al producto/servicio adquirido.

La detección y aprovechamiento conjunto de las oportunidades que se presenten.

* La realización de métodos que permitan inspirar, animar y reconocer las mejoras y los logros obtenidos por los proveedores y otras partes interesadas.

Del Gobierno con la comunidad

* Establecer un nexo confiable y permanente entre el Gobierno y la comunidad sobre todo a nivel local.

* Aprovechar las oportunidades de aportes internacionales para financiar proyectos.

* Seleccionar adecuadamente a las partes involucradas y sus referentes, no por su afinidad política, sino por sus competencias y compromiso social.

* Asegurar una adecuada planificación y control de gestión. Preferentemente involucrar a una ONG para que se haga cargo reservándose el Estado el rol de normalizar, controlar y fiscalizar el proyecto.

* Asegurarse de la competencia de todos los actores.

* Establecer objetivos precisos y medibles.

* Verificar la adecuada gestión del proyecto.

* Analizar los resultados y publicarlos para que sirva de ejemplo a terceros.

* Asegurar, si aplica, la continuidad del proyecto, ahora a cargo de los responsables comunitarios seleccionados al efecto.

Resultados posibles

Con el proveedor y otras partes interesadas (OPI) que agreguen valor.

* El involucro de los proveedores y OPI con futuros proyectos al reconocerles su desempeño y los logros obtenidos.

* La mejora del resultado de la cadena de creación de valor.

*Una mayor flexibilidad y rapidez en la respuesta en función de las necesidades cambiantes del cliente-ciudadano-usuario, del sistema, de la comunidad y del entorno.

* El aumento de la eficiencia en el uso de los recursos y el aprovechamiento de los servicios.

* Una mejor gestión de los depósitos/bodegas. Cuando sea aplicable ver la posibilidad de implementación del "*Just in time*". Es decir que el

proveedor asegure la disponibilidad de los insumos cuando son requeridos sin necesidad de contar con reservas en la propia organización para un período prolongado.[151]

* La reducción de los costos para las partes involucradas.

* Un mayor equilibrio entre los beneficios puntuales a corto plazo y las consideraciones estratégicas a largo plazo.

* Una adecuada identificación, selección, seguimiento y calificación de los proveedores de productos y servicios críticos.

* Una mejora sustancial de la comunicación, la gestión de la información y el desarrollo del conocimiento compartido.

* La implementación de planes de mejora en conjunto.

* La reducción de desperdicios

* Evitar reprocesos y otros costos de mala gestión relacionados con la falta de articulación entre la organización y el resto de la cadena de valor.

Del Gobierno con la comunidad

* Un impacto positivo en la mejora de la calidad de vida de la comunidad involucrada.

* Aumento del sentido de pertenencia.

* Mejora de la interacción entre la comunidad y todas las partes involucradas.

* Una comunicación efectiva entre los estamentos de Gobierno y la comunidad.

* La mejora del clima de confianza en la relación Gobierno, participantes del proyecto y la comunidad.

* Transparencia de la gestión.

* Aumento de la autoestima y confianza comunitarias gracias a los resultados alcanzados en conjunto.

[151] William A. Sandras Jr. Just in time: Making it happen. Unleashing the power of continuous improvement. Ed. John Wiley / sons. 1989.

TRABAJO EN EQUIPO MULTIDISCIPLINARIO[152]

El individuo es un ser social por naturaleza.

La adaptabilidad al entorno agresivo y cambiante se debe en gran medida al uso del trabajo en equipo y en red como estrategia de supervivencia.

Importancia del trabajo en equipo[153] en la gestión integrada e integrable

Siguiendo a Joiner,[154] reconocemos que la excelencia tiene tres componentes que interactúan: la calidad de la gestión, el método científico y el trabajo en equipo.

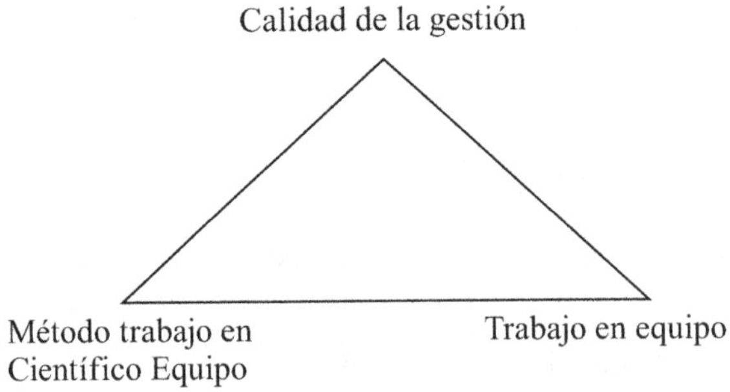

Triángulo de B. Joiner adaptado

[152] Preparado sobre la base de diversos materiales de capacitación facilitados por el Ing. Enrique Yacuzzi, el Dr. Ricardo Jais. los Dres. Susana Alonso, y Juan Coll Martinoia, la Lic. Florencia Pittaluga y mi persona, de apuntes del Instituto Uruguayo de Normas Técnicas, del material perteneciente a la Secretaría Técnica del Premio Nacional a la Calidad para el Sector Público y de material desarrollado por el Ing. Armido P. Bonelli.

[153] Delta Q SRL. Neetzel, Carlos y Pittaluga Roberto Rubén. Material del Curso de Gerenciamiento de cambios complejos y TQM para organizaciones públicas. Dictado para la AFIP de Junín. Coordinadora: Cdora. Cristina Isabel Pittaluga. 2002.

[154] Edgar A. Arenas P. La gestión del conocimiento: el triángulo de Joiner o la pirámide de Joiner –Arenas. Entorno empresarial. 01/08/2006. Beléé Sandoval. El triángulo de Joiner. Prezi. 17/04/2020.

El trabajo en equipo es la forma explícita en que se organiza un grupo, que comparte objetivos, normas y valores, y cuyo logro requiere de la adecuada interacción entre los miembros que se reconocen interdependientes.

Hay tres tipos de factores que afectarían la formación y desarrollo de equipos eficientes.

Factores organizacionales

Cultura
Clima
Normativa
Estructura
Forma de trabajo (Por funciones, procesos, proyectos)
Gestión de riesgos y oportunidades
El método de planificación y control de gestión de los proyectos

Factores de interrelación dentro del equipo

Estilo de liderazgo
Empoderamiento de los mandos medios
Influencia y poder
La definición de roles
Definición de objetivos
Ambiente psicológico
Comunicación y gestión de la información
Confianza
Prevención y manejo del conflicto

Factores individuales

- Carácter
- Personalidad
- Intereses
- Involucro/Compromiso
- Motivación
- Valores
- Competencia

Hay tres aspectos que afectan el resultado de un equipo:

La naturaleza del proyecto. Se relaciona con la temática que el equipo debe encarar, los métodos que deben aplicar, los conocimientos, habilidades e información requerida y el nivel de comprensión del alcance e importancia de las tareas que el equipo debe llevar a cabo para conseguir sus resultados.

El proceso es el conjunto de actividades interrelacionadas que el equipo debe realizar para concretar el proyecto satisfactoriamente.

La dinámica que se imprima al proyecto. Esta depende del conjunto de interacciones, relaciones y comportamientos que ocurran dentro del equipo y que influyen en su capacidad para colaborar y alcanzar objetivos comunes. Está influenciada por factores mencionados anteriormente. Una dinámica positiva fomenta la productividad y aumenta las probabilidades de éxito.

Los equipos en un sistema de gestión integrado e integrable buscan ser:

1. eficaces (alcanzar los resultados planificados)

2. eficientes (hacerlo con el mejor aprovechamiento de los recursos disponibles) y
3. efectivos (sostener y si es posible mejor los resultados en el tiempo).

Para esto es necesario detectar y satisfacer las necesidades de las partes interesadas con el foco puesto en el cliente/usuario; utilizar el método científico para detectar y resolver problemas; conocer y trabajar sobre las interacciones entre los miembros del equipo, y establecer un sistema de reconocimiento para sostener y aun mejorar los resultados alcanzados.

Entre los procesos psicosociales que afectan el funcionamiento de un equipo, cabe destacar:

1) El liderazgo

Ya hemos hablado de este tema en el capítulo pertinente, pero debo agregar que un líder ejerce poder e influencia en el comportamiento de su equipo siempre y cuando cumpla con uno a más de estos requisitos:

1. Cuenta con conocimiento o experiencia en un tema.
2. Tiene autoridad para recompensar o castigar.
3. Posee atributos conductuales positivos y ejemplares.
4. Está asignado formalmente por la autoridad competente.

La relación entre el líder y su equipo tiene un componente relacional, uno práctico o potencial y es asimétrico.

Si bien hay muchas teorías al respecto, para este capítulo en particular consideraremos dos conductas alternativas por parte del líder:

Centrado en la tarea. Muestra cómo se hacen las cosas. Se hace cargo de definir, documentar, comunicar, notificar la misión, la visión, los valores los roles de cada uno, las tareas, los medios que se utilizarán y los resultados. Esta forma de actuar es ideal cuando el equipo es inmaduro y necesita de la guía práctica por parte del líder.

Centrado en la relación. El líder muestra interés por los miembros del equipo y su bienestar, supervisa la planificación, delega la implementación y el control de gestión, y monitorea los resultados, pero deja actuar a sus colaboradores motivándolos a realizar una tarea superadora. Se aplica cuando uno cuenta con equipos maduros y mandos medios fuertemente empoderados en quienes delegar el liderazgo del proyecto.

Es fundamental que los líderes sepan aplicar la conducta más adecuada a las circunstancias que enfrentan.

Etapas de desarrollo de un equipo

Todo equipo nuevo pasa por estas etapas:

1. **Formación:** los miembros tienen incertidumbre respecto de la finalidad, estructura y liderazgo y "estudian el terreno" para averiguar qué conductas son aceptables hasta que empiezan a considerarse como parte de un grupo relativamente estable.
2. **Conflicto:** los miembros aceptan la existencia del grupo, pero se resisten al control que este ejerce sobre cada uno. Esto se corrige definiendo claramente los roles y funciones en forma explícita.
3. **Organización:** se logra la estructuración de las funciones y se logra cohesión. Los objetivos y las relaciones están claramente definidas y son aceptadas. Recién aquí se logra constituir un equipo sólido.
4. **Realización:** la energía del equipo se concentra en la ejecución de tareas.

Todo equipo de proyecto o mejora cuenta con un líder, un facilitador, un secretario y miembros. Cada uno cuenta con un rol en cada fase del equipo.

Roles

Líder de equipo

1. Interactuar con el facilitador para planificar las reuniones.
2. Estar dispuesto a aprender del facilitador y de los miembros del equipo.
3. Adaptar su estilo de liderazgo según las características y fases por las que vaya pasando el proyecto y el nivel de madurez del equipo.
4. Reconocer sus fallas y dudas, y explicitar sus necesidades de ayuda de parte de los demás.
5. Invitar a que los otros miembros no duden en hacer lo mismo.

Facilitador

1. Dar prioridad a los procesos psicosociales del grupo a sabiendas de que la integración efectiva del equipo llevará tiempo.
2. Orientar su apoyo hacia todo aquello que ayude al grupo a madurar:
   - Proponer y guiar las actividades para que las personas se conozcan más allá de lo meramente laboral.
   - Preparar las reuniones y asistir al líder en la conducción aplicando una metodología que facilite la motivación del equipo.
   - Regular el estado de ánimo del grupo motivando en las recaídas y poniendo los pies sobre la tierra ante el exceso de optimismo.
   - Favorecer la generación de un clima de confianza en que cada miembro asuma sus características y las adapten al rol que les competa.
   - Compartir con el líder y el equipo las ideas y las herramientas de gestión para que, en el futuro, el propio equipo las pueda utilizar autónomamente. Esta transferencia al equipo es la esencia del rol del facilitador. Este dialoga con el líder en una actitud de guía más que de experto. Con su propia actitud de apertura y posición "*one-down*", el facilitador transmite estas habilidades

al líder. Durante décadas he presenciado reuniones en las que los participantes se concentran en hacer catarsis sobre los que les preocupa en vez de concentrarse en el análisis de las causas de los problemas reales y potenciales y el planteo de acciones correctivas o preventivas según sea el caso. Piense Ud., estimado lector, en las reuniones de consorcio o de las comisiones en las que participa y verá cuan cierto es lo que he dicho. Por eso he decidido dedicar ahora este espacio para compartir con Ud. directrices que me han sido útiles para la realización de reuniones efectivas.

3. Ceder paulatinamente la conducción de las reuniones al líder a medida que este sepa cómo hacerlo efectivamente.

En las primeras reuniones, cuando el equipo es inmaduro deberíamos:

1) Establecer los requisitos para una adecuada relación entre los miembros del equipo.

2) Aprender acerca de los conceptos relacionados con la calidad de la gestión.

3) Trabajar para lograr el mejoramiento deseado.

* Identificar los procesos, productos, servicios y la cadena de valor relacionada.
* Identificar los desvíos o los problemas reales o potenciales existentes, así como los cambios y mejoras posibles.
* Analizar las causas reales o potenciales.
* Desarrollar un plan de mejoramiento que incluya acciones preventivas o correctivas según aplique.

Para lograr un resultado satisfactorio de una reunión, es fundamental aplicar una serie de requisitos que faciliten el trabajo en equipo.

Reuniones efectivas

Hay mucha bibliografía al respecto (Ander-Egg Milano, 1992; Allcott & Watts, 2021), pero insisto en este tema porque me he cansado de ver cómo se retrasan proyectos o se pierden oportunidades por una mala planificación y ejecución de los espacios de interrelación entre las personas.

Le idea es reunirse los menos posible es decir lo estrictamente necesario y suficiente para alcanzar los resultados previstos, hacer lo que se debe hacer y mejorar la productividad del equipo de trabajo.

Es clave:

- Coordinar la reunión.
- Llevar registros
  - Agenda
  - Minuta o acta de reunión
- Evaluar la reunión.
- Adherirse a la "regla de los 100 km".

Coordinar la reunión

Cada reunión debe tener un coordinador que es responsable de mantener la reunión enfocada y en movimiento.

La función del coordinador es:

- Mantener la discusión enfocada en el tema de referencia.
- Lograr que hablen uno a la vez y todos presten atención a lo dicho.
- Estimular a los más reservados e introvertidos a participar.
- Notificar al equipo cuando el tiempo asignado para un tema ha pasado o está a punto de terminar En este caso el equipo resuelve si se justifica ampliar el tiempo asignado o se deja pendiente para la próxima reunión.

- Plantear la búsqueda de la verdad antes que la defensa del punto de vista de cada uno· Es decir, tener una postura dialéctica antes que sofística.
- Cerrar las discusiones realizando una síntesis de lo conversado y explicitar las conclusiones a fin de lograr un acuerdo entre las partes· El acuerdo es por consenso. El consenso significa que se decide llevar a cabo lo establecido por la mayoría sin que haya un argumento de la minoría que lo invalide. Si llegara a haber una postura alternativa posible en minoría, esta se registra como plan B en caso de que fracasara la primera opción.

Llevar registros

Agenda previa[155]

Cada reunión debe tener una agenda previa. Es ideal que la agenda sea redactada en la reunión anterior. Caso contrario debe realizarse con la mayor anticipación posible.

Debe ser elaborada por el facilitador y el líder.

En lo posible, la agenda debe se comunicada con la pertinente notificación de los involucrados con anterioridad a la realización de la reunión, caso contrario, debe leerse detalladamente al comienzo.

La agenda incluirá:

- Los temas para tratar. Incluyendo, si aplica, el detalle y la causa de su tratamiento.
- Los responsables de la presentación de cada punto (suele ser quien lo propuso o quien tiene más responsabilidad o conocimiento del tema)·
- Un límite de tiempo, estimado en minutos que se necesita para discutir el asunto.

[155] En la web www.argentopia.com.ar pueden acceder a un modelo de agenda previa y de minuta de reunión.

- Características del tratamiento: discusión, decisión, notificación, informe.

Es conveniente que:

- Se dediquen al principio unos 5 minutos a saludos y enfocar al equipo al tratamiento de los temas que generaron la reunión. Recordar que no es un espacio para catarsis, sino para búsqueda de soluciones.
- Revisar la agenda, para evaluar con el equipo si es necesario añadir o eliminar algún tema o modificar los tiempos estimados.
- Establecer un receso o nueva reunión en caso de que esta llegue a la hora de duración.
- Realizar una evaluación de eficacia de la reunión.

Minuta o acta de reunión

Cada reunión debe contar con un secretario (es conveniente que esta función rote en cada reunión) que elabore una minuta o acta de reunión que cuente con:

- Fecha y las horas de comienzo y finalización de la reunión.
- Los participantes.
- Lugar de la reunión.
- Los temas tratados.
- Las decisiones tomadas, los responsables y los tiempos previstos para su realización y evaluación de la eficacia.
- De ser aplicable, los recursos requeridos.
- Los temas que el equipo ha resuelto postergar su tratamiento.
- De ser posible, la fecha de la próxima reunión y un temario preliminar.

La minuta de reunión es una de las herramientas más críticas de comunicación interna pues permite:

- Servir de base para la continuación de un debate en una nueva reunión sobre un tema que quedó abierto.
- Recordar las decisiones tomadas, las acciones para realizar, las responsabilidades asumidas y los tiempos comprometidos.
- Comunicar a los ausentes lo acontecido en la reunión.
- Comparar los resultados obtenidos con los propuestos.

La reunión no debería darse por finalizada sin antes haberla evaluado. Esta información resultará útil al coordinador para mejorar su accionar.

Un asunto mencionado por Joiner que me ha parecido interesante es la **"regla de los 100 km".**

"Nadie debería salir de la reunión a menos que la causa de la interrupción justificara viajar 100 km".

Las causas por las cuales uno o más miembros del equipo pueden suspender su participación en la reunión deben ser establecidas *a priori* por el equipo.

También es conveniente que los teléfonos celulares se apaguen o se dejen a resguardo fuera de la sala a fin de evitar interrupciones evitables o que los miembros los miren mientras otros están hablando. Esto último constituye una falta de respeto inaceptable.

Recordemos que hay una razón para que cada miembro aporte su experiencia al equipo y que por eso es inconveniente que se ausente.

Sintetizando: La reunión es un espacio y un tiempo en el que podemos analizar, comprender, aprender y mejorar, pero como todo debe cumplir con tres requisitos básicos:

Realizarse la menor cantidad de veces necesaria y suficiente para alcanzar los resultados previstos, prever los recursos necesarios y contar con la competencia adecuada.

Tipos de equipos

En toda organización puede haber tres tipos de equipos.

- Guía[156]
- De mejora de procesos
- De proyecto

El equipo guía, denominado por nosotros ***de mejora del desempeño de la organización*** está constituido por la alta dirección y los responsables de los procesos de gestión.

Estos establecen:

- las prioridades de los temas para tratar;
- si se requiere un equipo de mejora de proceso o de proyecto;
- quién será el líder, el facilitador y los miembros del equipo;
- la disponibilidad de los recursos requeridos;
- el tiempo previsto para el alcance de resultados.

El equipo de mejora de procesos suele ser el de menor duración dado que se constituye para resolver una falla, desvío o problema relacionado con un proceso y se disuelve cuando se evaluó la eficacia de las acciones correctivas tomadas.

El equipo de proyecto suele formase cuando un tema involucra varios procesos o se requiere aplicar la técnica de "procesos para mejora de procesos" que puede implicar la innovación o reestructuración de todo un proceso.

Hay empresas como Google que, en vez de una estructura formal, gestiona por proyectos·

[156] En las organizaciones por nosotros asesoradas es el Comité de Mejora del Desempeño. (CMD).

Comité de mejora del desempeño (CMD)[157]

Funciones

a) Actuar como equipo guía de los equipos de mejora de procesos.

b) Seleccionar los problemas para tratar y al líder del equipo de mejora.

c) Aprobar los miembros del equipo de mejora propuestos por el líder de proyecto.

d) Revisar el programa anual de actualización de niveles de competencia del personal en gestión.

e) Cuando sea aplicable, seleccionar a los facilitadores de los comités de mejora.

f) Monitorear la acción de sus miembros responsables de:

1. la información documentada.
2. del programa de actualización de competencias.
3. de las auditorías internas.
4. de las oportunidades de mejora.
5. del seguimiento y medición.
6. de la gestión de los riesgos.

Roles y funciones

Presidente: Debe ser la más alta autoridad de la organización.

1) Presidir el comité de mejora del desempeño.
2) Comunicar a la organización la importancia de satisfacer tanto los requisitos legales y reglamentarios, del usuario y de las otras partes interesadas.
3) Establecer la política de gestión integrada e integrable.
4) Definir y asegurar el cumplimiento de los objetivos estratégicos.

[157] DR02E002O3P2-R19-2016 Delta Q– Dr. Roberto R. Pittaluga y cols. Autorizado su uso para cursos aprobados por Delta Q Material elaborado en base a la experiencia previa del Dr. Pittaluga y cols.

5) Establecer el plan de gestión integrado.
6) Aprobar los documentos pertinentes.
7) Efectuar revisiones periódicas del sistema de gestión.
8) Asegurar la disponibilidad de los recursos.
9) Designar y controlar las actividades del coordinador del CMD.
10) Aprobar a los miembros del CMD propuestos por el coordinador del CMD.

Coordinador (CCMD): debe ser el máximo referente en gestión de la organización. Es el líder de los facilitadores y auditores.

1. Coordinar el comité de mejora del desempeño y proponer al presidente sus componentes.
2. Implementar el plan de gestión con el fin de alcanzar los objetivos estratégicos definidos por la alta dirección.
3. Relevar toda la información necesaria para una adecuada medición, análisis, control y mejora de los procesos.
4. Asegurar la actualización del tablero de mando integral.
5. Proponer al presidente del CMD y gestionar el programa de auditorías internas.
6. Utilizar los indicadores para facilitar el control del sistema de gestión.
7. Diseñar, implementar, mantener y mejorar los programas de comunicación interna.
8. Proponer el programa de actualización de competencias del personal en lo referente a la mejora continua de la gestión.
9. Proponer los equipos de mejora y la temática para tratar.
10. Presentar propuestas de mejoras surgidas del tratamiento de no conformidades, reclamos y otras oportunidades de mejora.
11. Monitorear el seguimiento de las acciones correctivas.
12. Participar en las revisiones por el presidente del CMD del sistema de gestión.

13. Aprobar la selección y realizar el seguimiento y calificación de los auditores internos.
14. Revisar y elevar para su aprobación los documentos relativos a los procesos de gestión.
15. Planificar y controlar el programa de gestión de riesgos.

Responsable de la actualización de competencias del personal (RACP).[158] [159] Debería ser el jefe de Gestión y Desarrollo del Factor Humano (mal llamado Recursos Humanos) o el de Capacitación de la institución o el jefe de docencia e investigación en el caso de organizaciones de salud.

1. Colaborar en la realización de los perfiles de cargo en el manual de funciones.
2. Realizar el relevo sistemático de necesidades de actualización de competencias del personal.
3. Establecer las prioridades de ACP según las necesidades de servicio y los recursos disponibles.
4. Determinar si se requerirá de apoyo externo a la organización y analizar la relación costo-beneficio de dicha colaboración.
5. Proponer al CCMD el programa de actualización de competencias para todo el personal.
6. Seleccionar al personal que participará de las actividades como educadores o educandos.
7. Asegurar la disponibilidad de los recursos para la adecuada realización de las tareas de enseñanza-aprendizaje.
8. Analizar los riesgos inherentes.

[158] Cursos, talleres, reuniones de mejora, jornadas, congresos, rotaciones y entrenamientos externos y cualquier actividad programable que implique un aprendizaje.

[159] Una fase importante de la tarea del RACP es la detección de las necesidades de actualización de competencias del personal, y para ello el lector puede acceder en la web www.argentopia.com.ar a una planilla guía elaborada con la intención de que los mandos medios las releven y presenten la síntesis al RACP, **y así contar con una información completa y sistemática del tema. Queda a su criterio aplicarla a su organización.**

9. Verificar la adecuada planificación de las actividades previstas para la ACP.
10. Coordinar las actividades de ACP.
11. Proponer al CMD mejoras en el proceso de ACP, así como nuevos temas para desarrollar en el programa del año siguiente. Realizar el seguimiento de las acciones correctivas de su incumbencia.
12. Realizar las evaluaciones de desempeño del personal.
13. Planificar y llevar a cabo las evaluaciones de clima organizacional.
14. Realizar el seguimiento de la participación del personal en las actividades de aprendizaje.
15. Tratar las no conformidades relacionadas con la ACP y realizar el seguimiento de la eficacia de las acciones correctivas tomadas.
16. Monitorear el proceso y realizar el seguimiento y medición de eficacia, y cuando sea aplicable, de impacto de los procesos de enseñanza-aprendizaje.

Responsable de la gestión de la información documentada (RGID)

Debería ser alguien con el perfil adecuado para el control documental y con conocimientos de las herramientas informáticas aplicadas en la organización. Es conveniente que cuente con el apoyo de sistemas. Con la digitalización y sobre todo el advenimiento de la IA este proceso se ha simplificado, acelerado y asegurado por lo cual es clave tratar de eliminar la documentación en soporte papel en todo lo que sea posible.

1. Llevar el control efectivo de toda la información documentada relativa al sistema de gestión.
2. Codificar, cuando sea aplicable, los documentos.
3. Actualizar la matriz documental.
4. Asegurar que los documentos en vigencia estén disponibles en el lugar de uso en su última versión.
5. Proponer actualizaciones a los documentos relacionados con la gestión documental.

6. Actuar de facilitador en la actualización de competencias en gestión documental y en la documentación de los procesos.
7. Informar a sistemas de las fallas detectadas en el soporte informático o los programas propios o contratados a terceros.
8. Tratar las no conformidades relacionadas con el control de los documentos y los registros, y realizar el seguimiento de la eficacia de las acciones correctivas tomadas.
9. Realizar el seguimiento de los indicadores relacionados con sus procesos.

Responsable del seguimiento y medición (RSyM)

Debería ser alguien con conocimiento en control estadístico de procesos y tablero de mando integral.

1. Proponer o facilitar el desarrollo de indicadores de gestión.
2. Asegurar la gestión adecuada de los datos.
3. Verificar la adecuada recolección de los datos y su incorporación oportuna a los tableros de mando.
4. Supervisar la elaboración de los gráficos pertinentes.
5. Asegurar que en los diferentes sectores se cuente con la información estadística pertinente.
6. Analizar con el CMD el análisis consolidado de los indicadores y las tendencias.
7. Planificar y monitorear, cuando sea aplicable, la adecuada gestión de las encuestas de satisfacción u otro método de medición referido a la calidad percibida en toda la cadena de valor (por ejemplo, grupos focales).
8. Llevar la estadística relacionada con la gestión de los reclamos junto al responsable de la gestión de oportunidades de mejora.
9. Planificar y llevar a cabo las evaluaciones de clima organizacional junto al RACP.

10. Participar en las actividades de actualización de competencias del personal en los temas de su incumbencia (control estadístico de procesos [CEP], herramientas estadísticas, tablero de mando integral).
11. Tratar las no conformidades relacionadas con el CEP y realizar el seguimiento de la eficacia de las acciones correctivas tomadas.

Responsable de la gestión de las auditorías internas (RGAI)

1. Proponer al CCMD el programa anual de auditorías internas.
2. Planificar y asegurar el cumplimiento del programa de auditorías internas.
3. Proponer al CCMD a los auditores responsables de realización de las auditorías.
4. Verificar, si es aplicable, que estos conformen un adecuado equipo de auditoría interna.
5. Verificar la adecuación de los planes de auditoría propuestos por los auditores responsables.
6. Actualizar la información documentada de su competencia.
7. Realizar el seguimiento de las auditorías internas.
8. Seleccionar, seguir y evaluar a los auditores internos.
9. Elaborar el programa de actualización de competencias en auditoría interna para el personal y los propios auditores.
10. Presentar los informes de auditoría, junto al auditor responsable, al CMD.
11. Tratar las no conformidades relacionadas con las auditorías internas y los registros, y realizar el seguimiento de la eficacia de las acciones correctivas tomadas.
12. Realizar el seguimiento de los indicadores relacionados con sus procesos.

Responsable de la gestión de las oportunidades de mejora (RGOM)

Entendemos a los fines de este texto como oportunidades de mejora a las oportunidades de mejora propiamente dichas, las observaciones y las no conformidades detectadas por los auditores, las sugerencias aplicables realizadas por cualquier miembro de la cadena de valor y las quejas y reclamos justificados.

1. Actualizar la información documentada de su competencia (tratamiento de no conformidades, acciones correctivas, oportunidades de mejora, gestión de los reclamos).
2. Mantener actualizado el registro de seguimiento de oportunidades de mejora detectadas por el personal, los auditores internos y externos, los fiscalizadores, la propia dirección, o surgidos de los reclamos, sugerencias o encuestas de los usuarios y de la evaluación del tablero de mando integral.
3. Realizar el seguimiento de las acciones correctivas y actualizar su estado de avances.
4. Realizar el seguimiento y medición de la eficacia de sus procesos.
5. Presentar periódicamente al CMD los resultados de dicho seguimiento.
6. Participar en las actividades de actualización de competencias del personal en los temas de su incumbencia.

Responsable de la gestión de los riesgos y oportunidades (RGRyO)

1. Actualizar la información documentada de su competencia (matriz de gestión de riesgos y oportunidades, acciones preventivas, planes de contingencia).
2. Mantener actualizados los registros relacionados con los riesgos.
3. Realizar el seguimiento de las acciones de prevención de riesgos y actualizar su estado de avance.
4. Presentar al CMD los resultados de dicho seguimiento.
5. Promover la cultura de la seguridad en toda la organización.

6. Coordinar el comité de seguridad y salud ocupacional.
7. Monitorear el accionar del personal relacionado con temas de seguridad (general, informática, seguridad y salud ocupacional, en Salud de seguridad del paciente y otros según el tipo de organización).
8. Llevar el control estadístico de los incidentes.
9. Participar en las actividades de actualización de competencias del personal en los temas de su incumbencia.
10. Tratar las no conformidades relacionadas con los procesos de su incumbencia y realizar el seguimiento de la eficacia de las acciones correctivas tomadas.

Condiciones para la gestión de proyectos de mejora

- **Selección del proceso**
- **Selección del equipo**
- **Pasos necesarios para un proyecto de mejoramiento**

Para aumentar el nivel de certidumbre en el éxito del proyecto este debería:

- Seleccionar un tema atractivo y desafiante que motive a los involucrados.
- Tener un efecto directo en los receptores del producto o servicio resultado del proceso.
- Estar relacionado con un proceso con ciclo de vida corto.
- El proceso que mejorar no debería estar en transición.
- Identificar claramente al proceso y definir con precisión su comienzo y fin.
- Si el proyecto se enfoca en la mejora de un sistema, definir los procesos que lo conforman y dedicarse a cada uno por vez con visión sistémica.
- Asegurar la competencia y motivación de los miembros seleccionados para el equipo.

- Seleccionar a un líder y facilitador de proyecto idóneos.
- Seleccionar un proyecto que tenga visibilidad interna a fin de que los resultados impacten positivamente en el clima organizacional.
- Seleccionar un proyecto que tenga impacto en la satisfacción de las necesidades de los usuarios-clientes con el objeto de mejorar su confianza en la organización.
- En lo posible, involucrar a más de un sector o área.

Como hemos dicho, en todo proyecto de mejora se requieren:

- **Equipo guía:** selecciona al líder de proyecto. Apoya las actividades del equipo, asegura la disponibilidad de los recursos, analiza los informes de estado de avance y final elaborados por el líder, reconoce al equipo en caso de alcanzar los objetivos esperados, da continuidad a la implementación de las medidas resultantes.
- **Líder del equipo: elige a los miembros del equipo.**[160] Selecciona a los miembros del equipo y los coordina. Organiza las reuniones y las actividades del equipo. Motiva mediante el reconocimiento y enfoca al equipo al logro de las metas del proyecto. Sirve de nexo entre el equipo de mejora y el guía. Presenta los informes de estado de avance y final. Evalúa, junto al equipo de mejora del desempeño organizacional, la eficacia de las mejoras planteadas.
- **Facilitador:** apoya al líder en la organización de las reuniones. Facilita el trabajo del equipo, asegurando las competencias adecuadas mediante la capacitación y entrenamiento en el uso de las herramientas de gestión, incluidas las estadísticas, de detección, análisis y resolución de problemas, y trabajo en equipo,[161] cuando esto es necesario.

[160] El facilitador puede ser seleccionado por el equipo guía si el líder no tiene suficiente experiencia en gestión; caso contrario el propio líder puede elegirlo.

[161] Diagrama de procesos, ciclo de Deming, tormenta de ideas, voto múltiple, diagrama de Ishikawa, flujograma y cursograma, matrices GUT y FICINU, matriz de riesgos, histograma, gráficos de barra categóricos incluido el de Pareto; temporal, de torta, técnicas estadísticas, matriz gu, FODA, FODA ponderado por factores de riesgo, etc.

- **Miembros del equipo de proyecto:** las personas que forman parte del equipo y que realizan las actividades para mejorar el proceso serán seleccionadas por su conocimiento y experiencia previa en el proceso en estudio o los que se relacionen fuertemente con él o que tengan experiencia en algún ítem requerido para las potenciales soluciones. Es importante tener en cuenta su capacidad de involucro y los deseos de aprender y colaborar con las mejoras.

Misión del equipo

El equipo debe tener claro desde el principio:

1. QUÉ proceso será foco de estudio del proyecto.
2. PARA QUÉ se hará, es decir, cuáles son los objetivos.
3. POR QUÉ. Las razones por las que se llevará acabo.
4. DÓNDE se produce el proceso y donde se harán las actividades.
5. CUÁL es el alcance del poder del equipo para efectuar cambios.
6. CUÁNTO recurso será requerido (tiempo, personas, insumos, presupuesto y otros).
7. CUÁNDO comenzará y se estima que debe terminar el proyecto.
8. QUIÉNES participarán y sus roles.
9. CON QUÉ métodos y frecuencias se hará el contacto con el equipo guía.

Medidas aplicables

* Constituir un equipo guía
* Formar líderes, facilitadores, implementadoras y auditores en sistemas de gestión.
* Actualizar las competencias del personal en las herramientas de gestión y trabajo en equipo.
* Seleccionar adecuadamente a los líderes y facilitadores.
* Definir los proyectos.

* Integrar equipos transversales.
* Asegurar la disponibilidad de los recursos.
* Evaluar la eficacia de los resultados alcanzados.
* Difundir la información, cuando sea aplicable, al resto de la organización.

Resultados posibles

* Mejora de la eficacia y eficiencia de los procesos.
* Mayor integración e involucro del personal.
* Generación de un clima de confianza.
* Comunicación interna más efectiva.
* Empoderamiento de los mandos medios.
* Reconocimiento interno del rol del facilitador.

GESTIÓN DE REDES

Las organizaciones no están aisladas. Sus tareas las realizan en una sociedad y un entorno con los que interactúan, caracterizado por el cambio permanente y la incertidumbre.

Además, forman parte de diferentes grupos de organizaciones nacionales o internacionales que se interrelacionan con las actividades del país al que pertenecen y que deberían constituir una efectiva red focalizada en satisfacer las necesidades del ciudadano-cliente-usuario.

Para ello es fundamental que cada una de las organizaciones públicas o privadas contribuya a la mejora de su eficacia y eficiencia considerando, además, las necesidades de la sociedad y el medio.

Esto está íntimamente relacionado con el concepto de compromiso social.[162] [163]

[162] ISO 26000:2010. Responsabilidad social.

[163] Guía del Taller Internacional (International Workshop Agreement/IWA) 26:2017, un documento que ofrece orientación sobre cómo integrar la norma de responsabilidad social ISO 26000:2010 con los sistemas de gestión estandarizados.

Aplicar los principios a la gestión de redes es fundamental para lograr una adecuada sinergia entre el Gobierno y las otras organizaciones que tengan valores, intereses y objetivos comunes.

Esto se aplica tanto a los efectores de los diferentes subsistemas (salud, educación, seguridad, justicia, defensa, de producción, etc.) que deben cumplir las normas, las políticas y los objetivos estratégicos fijados por el Gobierno, como a la relación entre y con las organizaciones sociales, científicas, educativas, empresariales y de todo tipo que puedan contribuir con el logro de la misión y la visión de la red de referencia compatibilizada con las de la propia organización.

Por otra parte, hacia adentro, toda organización pública o privada está constituida por una verdadera red de individuos que en su interacción por la vía formal e informal está continuamente tomando decisiones que afectan los resultados de los procesos en los que intervienen.

Si se desea crear un ambiente que favorezca esa interacción en un clima de creatividad y cambio, se debe estructurar un mecanismo que permita la operación y control adecuados para dicha "intranet".

Recordemos que una cantidad significativa de las decisiones cotidianas suelen ser informales.

Tanto en un caso como el otro, el establecimiento de un sistema de gestión de la información y de control de los documentos y registros eficiente es fundamental.

Recordemos que la hiperdocumentación es negativa y que los documentos deben estar al servicio de los procesos y no a la inversa.

El impacto de las redes digitales es tan abrumador que muchas organizaciones, sobre todo públicas, y sus líderes y personal siempre van a la saga de los avances aprovechables.

Es menester contar con la infraestructura que permita el uso eficiente de todos esos avances.

Para eso debe haber una política de Estado que asegure la conectividad al 100 % de los argentinos y la capacitación en todos los niveles educativos desde el preescolar a los posgrados a fin de contar con una masa crítica de personas que estén en condiciones de aprovechar dichos avances.

La inteligencia artificial (IA), con todas sus oportunidades y amenazas, ha venido para quedarse y es indispensable que los gobernantes y líderes de la organizaciones públicas y privadas hagan el esfuerzo requerido para gestionar bajo condiciones controladas esta herramienta de altísimo e impredecible impacto en lo comunicacional, social, económico, político, cultural, militar, educativo, sanitario, etc.[164] [165]

Oportunidades de la IA

- Analiza rápidamente y a fondo una gran cantidad de datos generados en las redes y ofrece información que puede ayudar a orientar la estrategia en línea.
- Las tareas repetitivas se gestionan sin intervención humana, automáticamente en menos tiempo y asegura una presencia sostenida en las redes.
- Recomienda contenidos y permite chatbots interactivos personalizados.
- Aumenta la probabilidad de interacción en la plataforma.

Amenazas de la IA

- Trato deshumanizado por falta de interacción directa entre las personas.
- Dificultad para la interpretación de aspectos sutiles en la comunicación.

[164] SG Analitytics. Navegando el impacto de la inteligencia artificial en la gestión de las redes sociales. 11/2024.

[165] Alejandro Morales Cáceres, Miembro del Comité de Protección de Datos Personales de Capítulo Perú. Word compliance association. El impacto de la inteligencia artificial en la protección de los datos personales. World Compliance Association. 01/009/2020.

- Riesgo de una imagen organizacional fría, distante, impersonal.
- Riesgo de la protección de los datos.
- Sesgo algorítmico ("*Machine Bias*")[166] vs. principio de legalidad.[167]
- Sobreautomatización.
- Mala interpretación de los datos con fallas en el análisis y la información suministrada por IA.
- Necesidad de supervisión técnica humana permanente.

UNESCO plantea dilemas éticos ante la capacidad de la IA de[168]

- Reproducir prejuicios.
- Contribuir a la degradación del clima.
- Amenazar los derechos humanos.
- Acrecentar las desigualdades ya existentes.
- Perjudicar aún más a grupos históricamente marginados.

Medias aplicables

En cuanto a las redes externas

* Establecer un marco regulatorio que normalice el uso de la IA en las redes sociales y proteja a las personas de los sesgos posibles de la sobre automatización.

* Identificar los nodos actuales y potenciales que pueden interactuar en red con nuestra organización.

* Reconocer el estado de situación actual de las redes externas.

[166] Existen tres tipos de sesgos clásicos: el estadístico, el cultural y el cognitivo.

[167] Reglamento General de Protección de Datos Personales de la UE (RGPD) establece que "los ciudadanos europeos tienen el derecho a no ser objeto de una decisión basada únicamente en medios automatizados, incluida la elaboración de perfiles, si la decisión produce efectos jurídicos que los afecten significativamente de modo similar".

[168] Foro global sobre la Ética de la IA. 2024. UNESCO. 06/02/2024.

* Sistematizar un método para asegurar la efectividad en la gestión de dicha red.

* Capacitar al personal en la temática y en el uso de las herramientas de gestión y comunicación requeridas.

* Ejecutar de forma activa y sistemática lo aprendido.

* Favorecer la capacidad crítica y de participación de todo el personal fomentando su intervención en la toma de decisiones.

* Constituir un equipo de trabajo para la gestión y desarrollo de la interacción efectiva de la organización con otras instituciones cuyo líder componga el grupo de especialistas internos que coordinen la implementación y mantenimiento del sistema como, por ejemplo, el comité de mejora del desempeño.

* Desarrollar un sistema informático que permita el control y operación de la información de la red, y facilite el acceso a ella a todos sus miembros.

* Realizar el seguimiento y medición del proceso de interrelación.

*Aplicar la experiencia que genere el análisis de los resultados a la mejora continua.

* Aprovechar internet y toda otra tecnología disponible para su gestión efectiva.

* Desarrollar técnicas de *benchmarking* de intercambio de información, tecnología y conocimiento interorganizacional.

En cuanto a la red interna

* Desarrollar un sistema de registros que permita controlar y aprender de las iniciativas tomadas por el personal.

* Tratar de canalizarlas a través de los equipos de mejora.

* Capacitar al personal en las herramientas y técnicas de trabajo en equipo y el uso de la tecnología de la comunicación.

* Promover el uso efectivo de estas en la resolución de problemas.

* Desarrollar una intranet efectiva para la toma de decisiones.

* Estimular la toma de conciencia de la necesidad, oportunidad y ventajas del trabajo multidisciplinario no solo entre los profesionales dedicados a las tareas asistenciales, sino con los administrativos, técnicos o personal de mantenimiento o logística cuando fuera aplicable.

* Utilizar las herramientas de gestión relacionadas con la realización de reuniones efectivas.

Resultados posibles

* Un mayor acceso a la información y una generación del conocimiento más fácil y ágil.

* Con apoyo controlado de la IA gestionar gran cantidad de datos a mayor velocidad y con seguridad.

* Un control de gestión de las decisiones tomadas más eficiente.

* Mejora de la integración del personal.

* Aunque debemos tener siempre presente la importancia del contacto personal, limitar este a reuniones efectivas permitiendo que viajen las ideas y la información, y no las personas.

* Mejor aprovechamiento del tiempo disponible.

* Realización de reuniones e intercambio de opiniones y experiencias a distancia mediante teleconferencias.

* Posibilidad de la capacitación y formación a distancia.

* Posibilidad de la realización de interconsultas a distancia.

* Mayor y mejor integración de la organización con la sociedad.

* La organización se constituye en un espacio de creatividad y satisfacción para los directivos, mandos medios y el personal.

Una organización pública o privada moderna cuando enfrenta un problema no se pregunta inquisitoriamente quién fue, sino que se plantea en qué proceso y circunstancias tuvo lugar. Luego, convoca a trabajar en su resolución a todos aquellos que tienen competencia para opinar al respecto a fin de buscar en conjunto las soluciones pertinentes y tomar las acciones correctivas. De ser necesario, consulta a miembros de su red externa de gestión.

La cultura del miedo a las sanciones se reemplaza por la de la confianza y esto abre la puerta a una nueva forma de ser de la organización.

Capítulo 5
LOS PRINCIPIOS EJES DE LA GESTIÓN INTEGRADA E INTEGRABLE (SGIEI)[169]

Ahora analizaremos en detalle los principios que son los pilares un **SGIeI.**

ENFOQUE MULTISISTÉMICO DINÁMICO

Identificar, definir, describir, documentar, medir y mejorar los procesos interrelacionados es lo que permite a un sistema de gestión facilitar que una organización alcance la eficacia y eficiencia en el logro de sus objetivos.

Para alcanzar un adecuado desempeño en una organización, no alcanza con asegurar la calidad técnico profesional, aunque esta sea el eje primordial de toda la actividad y donde suelen fallar muchas organizaciones públicas o privadas.

Es indispensable, además, conseguir una eficiente gestión y lograr que la interrelación entre los miembros de la institución se sustente en un esquema de valores orientados a asegurar la calidad y la seguridad de los productos y servicios, y sobre todo de las personas.

Todo esto cabe hacerlo teniendo en cuenta el permanente cambio de un entorno dominado por la incertidumbre.[170] Ver Figura 1.

[169] Pittaluga, Roberto Rubén y Pittaluga, Florencia: "Teórico 2– Principios de la Gestión integrada e integrable de las Organizaciones de Salud" del Módulo 1 Introducción a los Sistemas de Gestión de la calidad en las Organizaciones de salud. Delta Q SRL. 2015.

[170] Pittaluga, Roberto Rubén y Pittaluga, Florencia: "Módulo 1– Gestión por procesos" Gestión Integral en Diagnóstico por Imágenes. SAR– Delta Q SRL. 2015. V001_DR1204_M1P1_SGIeI_2019

Componentes de " la calidad" de una organización

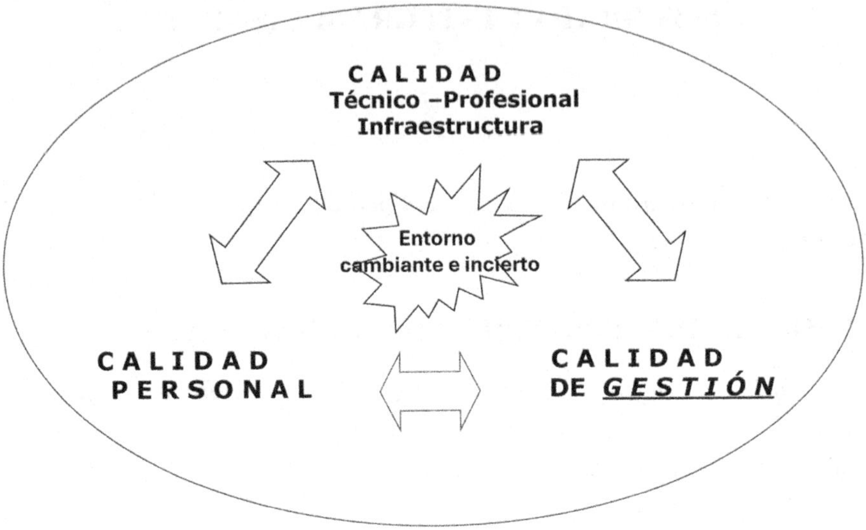

Figura 1: Componentes de una adecuada gestión.

Los procesos que se llevan a cabo en los Ministerios nacionales o provinciales y sus organismos dependientes, los entes autárquicos, los municipios, así como en las diferentes empresas públicas, privadas y sin fines de lucro y sus proveedores interactúan de manera tal que, un cambio en uno de ellos repercutirá seguramente en otros y en todo el sistema.

La sociedad es un sistema muy complejo integrado por múltiples subsistemas que interactúan entre sí complementaria y suplementariamente.

Así podemos ordenarlos por el tipo de actividad que se lleva a cabo.

En la tabla 1 vemos algunos ejemplos donde se trata de discriminar el rol del Estado (nacional, provincial y/o municipal) como gestionador o facilitador en diferentes subsistemas, así como el del sector privado:[171]

[171] Referencias: **N**: Nación; **P**.: Provincia; **M**: Municipio; **n:** Normalizar; **f:** Fiscalizar; **c:** Controlar; **g:** Gestionar. **1**: Aplicaría –: No aplicaría. Nota: Cuando el 1 está en negrita implica un fuerte rol.

Temática	**Subsistema 1°**	**Subsistema 2°**	**N**	**P**	**M**	**Rol del Estado**				**Privado**
						n	f	c	g	
Alta injerencia del Estado										
Gestión pública	Administración pública	-	1	1	1	1	1	1	1	-
Educación	De educación continua	Inicial	1	1	1	1	1	1	1	1
		Primario	1	1	1	1	1	1	1	1
		Secundario	1	1	1	1	1	1	1	1
		Terciario	1	1	1	1	1	1	1	1
		Universitario	1	1	1	1	1	1	1	1
		Posgrado	1	1	1	1	1	1	1	1
	De educación permanente	-	1	1	1	1	1	1	1	1
	De educ. no formal	-	1	1	1	1	1	1	1	1
	De educ. informal	-	1	1	1	1	1	1	1	1
Investigación	Aplicada	-	1	1	1	1	1	1	1	1
	Básica	-	1	1	1	1	1	1	1	1
Salud	Público	-	1	1	1	1	1	1	1	-
	Privado	Con fines de lucro	-	-	-	1	1	1	-	1
		Sin fines de lucro	-	-	-	1	1	1	-	1
Seguridad	Interior	Policial Federal	1	-	-	1	1	1	1	-
		Policial Provincial	-	1	-	1	1	1	1	-
		Policial Municipal	-	-	1	1	1	1	1	-
		Penitenciario	1	-	-	1	1	1	1	-
		De fronteras terrestres	1	-	-	1	1	1	1	-
		Fluvial y marítimo	1	-	-	1	1	1	1	-
		Aeroportuaria	1	-	-	1	1	1	1	-
		Privada	-	-	-	1	1	1	-	1
Defensa	-	-	1	-	-	1	1	1	1	1
Justicia	-	-	1	1	1	1	1	1	1	-

El Estado predominantemente facilitador										
Temática	Subsistema Primario	Subsistemas secundarios	N	P	M	Rol del Estado				Privado
						n	f	c	g	
Economía	Gestión fiscal	-	1	1	1	1	1	1	1	-
	Gestión monetaria	-	1	-	-	1	1	1	1	-
	Gestión de créditos y subsidios	-	1	1	1	1	1	1	1	1
	Gestión impositiva	-	1	1	1	1	1	1	1	-
	Comercio exterior	-	1	1	1	1	1	1	1	1
Desarrollo	De pymes	-	1	1	1	1	1	1	-	1
	Empresas	-	1	1	1	1	1	1	-	1
	De economías regionales	-	1	1	1	1	1	1	-	1
	Obras de infraestructura	-	1	1	1	1	1	1	1	1
	Agricultura, ganadería, pesca, minería	-	1	1	1	1	1	1	-	1
Ambiente	Gestión ambiental	G. de residuos	1	1	1	1	1	1	-	1
		Reciclado	1	1	1	1	1	1	-	1
	Preservación	De bosques	1	1	1	1	1	1	1	1
		De fauna	1	1	1	1	1	1	1	1
	Energías renovables	-	1	1	1	1	1	1	-	1

Tabla 1: Clasificación de subsistemas por rubro
y su relación con el rol del Estado y el sector privado.

Como puede verse, el Estado no puede ni debe delegar las funciones de normalizar, fiscalizar y controlar, así como asegurar el acceso igualitario y equitativo a los servicios de educación, salud, seguridad y justicia.

Debería actuar como facilitador de los procesos de desarrollo de la infraestructura pública, de las empresas (sobre todo de las pymes), del uso sostenible de los recursos naturales, del transporte de los productos y personas y del comercio exterior, así como de todas aquellas iniciativas comunitarias o privadas que propendan a la mejora de la calidad de vida de las personas y contribuyan al aumento de las exportaciones y del PBI.

Otro enfoque sistémico complementario del anterior es el siguiente:

En cualquiera de los subsistemas mencionados los resultados se alcanzan gracias a la adecuada gestión de los procesos.

Cada proceso debe ser planificado, realizado, controlado mediante la verificación de conformidad del resultado alcanzado y mejorado.

Para poder llevar a cabo la verificación, durante el proceso de planificación hay que definir los objetivos, así como los datos, indicadores, estándares y métodos de evaluación.

Para facilitar su comprensión podemos analizar cada proceso desde seis subsistemas de gestión diferentes, pero interrelacionados. **Ver fig. 2**. Cuatro representan un aspecto para considerar: el de la calidad, el ambiental, el de la seguridad y el económico-financiero; y los otros dos son necesarios para darle cohesión a los cuatro primeros: el de la información y el de gestión y desarrollo del factor humano.

En el siguiente esquema[172] se muestra la interrelación de estos seis subsistemas conformando un sistema integrado.

El triángulo invertido representa a la organización que, junto a sus proveedores, sus usuarios y otras partes interesadas (OPI), conforman la sociedad. Todos están inmersos en el medio con el que interactúan.

[172] Adaptado de: Pittaluga, Roberto y Pittaluga, Florencia: Material didáctico de la diplomatura en gestión de la calidad en organizaciones de salud-AMA-IRAM_ M01-01-DS01-101-R28-2ºDGCOS-SGI-2007

Los cuatro subsistemas eje de la gestión son:

SGC: Subsistema e gestión de la calidad

SGS: Subsistema de gestión de la seguridad

SGEF: Subsistema económico financiero

SGA: Subsistema de gestión ambiental

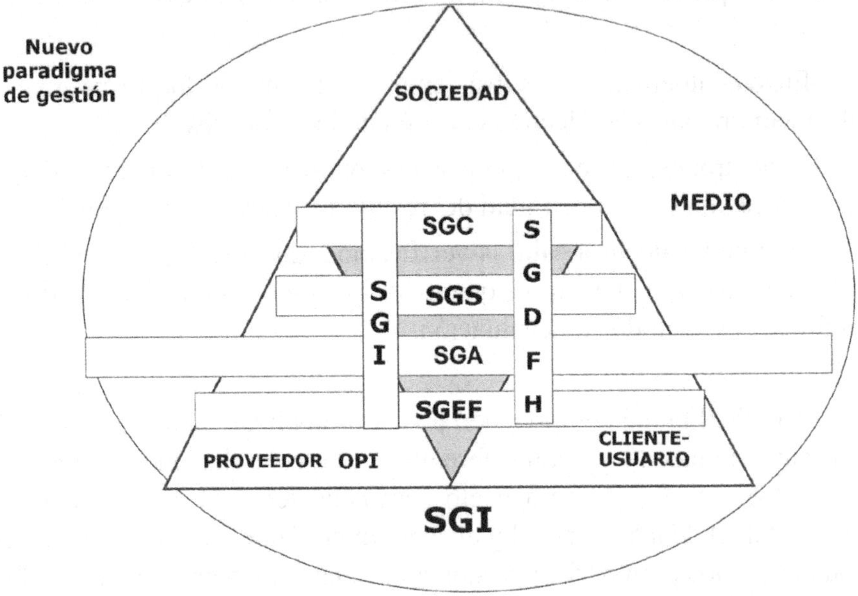

Figura 2: Interacción de los subsistemas con los actores del sistema integrado de gestión y entre sí.

Para que la interacción de estos cuatro subsistemas sea coherente, se debe lograr su articulación adecuada con otros dos:

SGI: Subsistema de gestión de la información.

SGDFH: Subsistema de gestión y desarrollo del factor humano.

Si uno presta atención al esquema, veremos que los subsistemas exceden el ámbito de la organización en sí. Es decir que son abiertos y el o los líderes deben gestionar toda la cadena de valor involucrando a todas las partes interesadas, y no solamente administrar los recursos y personas con las que cuenta en primera instancia.

En el capítulo de control de gestión, veremos cómo esto puede resultar útil para la conformación del tablero de mando.

Ahora bien, llama la atención que la organización está invertida, es decir, con el vértice hacia abajo.

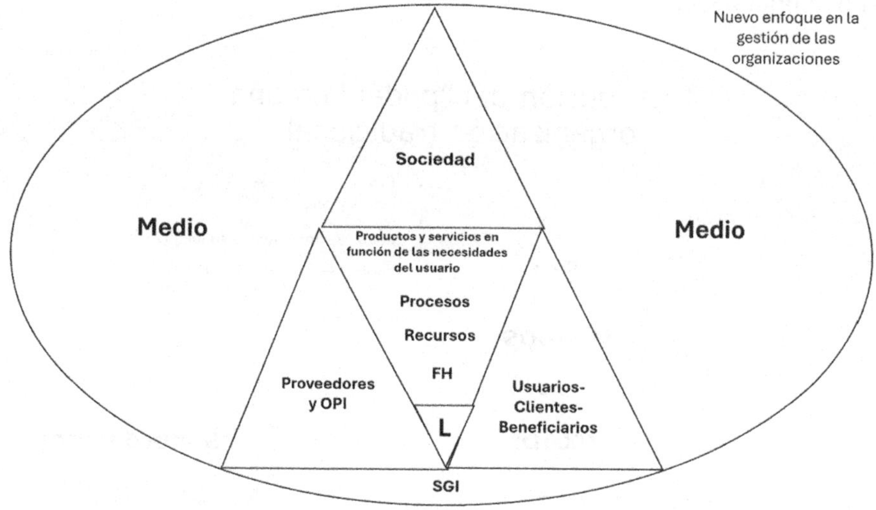

Figura 3. Nuevo paradigma organizacional.
Relación de la organización con las partes interesadas y el entorno.

Esto es la antítesis del modelo verticalista implementado con éxito por Henry Ford a principios del siglo XX que se basaba en:

1- dividir el trabajo

2- estandarizar piezas y productos y la producción en masa

3- mejorar el salario de los trabajadores

Este modelo exigía una **mano de obra disciplinada** y capacitada, dispuesta y capaz de realizar tareas repetitivas en la línea de montaje.

A partir de la década de 1960, ante la competencia de empresas de Japón y otros países asiáticos y europeos, el fordismo perdió fuerza debido a que implicaba la pérdida de cualificación del trabajo (por repetitivo y monótono) y la falta de respuestas a las necesidades de diversificación productiva.

En nuestro país y en América Latina, todavía sigue predominando en las instituciones públicas y muchas privadas ese esquema vertical donde predomina el sistema de administración cerrado, por funciones, donde los mandos altos piensan; los medios transmiten y controlan; y el personal hace.

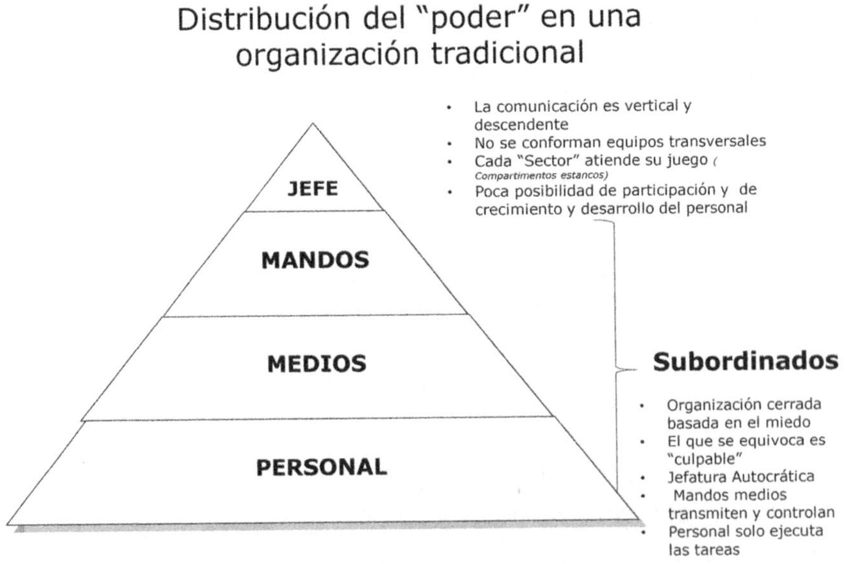

Figura 4. Cadena de mando de una organización tradicional. Distribución del poder.

Estas organizaciones están basadas en el **miedo**, donde lo primero que se pregunta cuando hay una falla es **"¡Quién fue!".**

La culpa, tan arraigada en la cultura judeocristiana, es el eje del análisis de los errores y fallas. El que se equivoca es culpable y, por ende, merece castigo. La comunicación es vertical y descendente ("Se *baja línea"*).

Por supuesto, la carga de la culpa recaerá en el más débil porque los jefes nunca se equivocan *("El hilo se corta por lo más fino").*

En ese ambiente psicosocial, los errores se ocultan y la organización se vuelve estúpida al no aprender de ellos.

Y nadie, especialmente los líderes y mandos medios, se hace cargo o acepta su responsabilidad.

En la toma de decisiones no se tiene en cuenta el impacto ambiental.

Los gobiernos autocráticos y el crimen organizado siguen este modelo de gestión.

Hay que trabajar arduamente para revertir esta situación y convertir la gestión interrelacionada de los procesos en algo dinámico –con capacidad de respuesta efectiva a los cambios permanentes que se deben enfrentar–, horizontal –que permitan la toma de decisiones a los responsables de proceso bajo condiciones controladas sin necesidad de estar todo el tiempo pidiendo el visto bueno de las jefaturas– y abierto –que permita la interacción efectiva de "todas las partes interesadas" involucradas en la cadena de valor–, sustentados en la confianza.

El nuevo paradigma invierte a la organización y carga sobre los hombros del líder su sostén. Él establece[173] la misión, la visión, los valores, la política integrada e integrable, y los objetivos estratégicos. Con sus colaboradores de mayor jerarquía, establecen el plan de gestión integral.

El líder fortalece el trabajo en equipo, garantiza la adecuada gestión y desarrollo de las personas mediante la comunicación efectiva y un programa de actualización de competencias, gestiona los procesos, los recursos y la infraestructura necesarios para alcanzar los mencionados

[173] Establecer para este trabajo implica: documentar, comunicar, notificar, asegurarse del entendimiento y verificar periódicamente el cumplimiento de los requisitos.

objetivos, y asegura la entrega en tiempo y forma de los productos y servicios requeridos.

Todo esto en función de las necesidades y expectativas de los receptores de los productos y servicios brindados.

Estas organizaciones están basadas en la **confianza** donde el que se equivoca cs responsable y no culpable.

Todo error, falla o queja son oportunidades de mejora. Por lo tanto, se registran, se analizan las causas y se toman acciones correctivas para evitar que se repitan.

Es una organización inteligente donde todos comparten la información y aprenden.

Se premia las mejoras e innovaciones propuestas por el personal.

Se reconoce a los que contribuyen con la constancia de propósitos.

Se tiene en cuenta en la planificación y toma de decisiones el impacto ambiental, así como los intereses de todas las partes interesadas.

La sistemática gestión de riesgos y la propuesta de acciones preventivas son inherentes a la gestión por procesos con enfoque multisistémico.

Además, estas organizaciones trabajan sistemáticamente en red, aprovechando al máximo los avances tecnológicos y tienen en cuenta los cambios del entorno en el que operan lo que facilita la integralidad de su sistema con los de otras instituciones.

Todos los procesos son planificados, implementados, controlados y mejorados considerando su interacción dentro de un sistema integrado e integrable **(SGIeI).**

Su planificación forma el plan estratégico integrado e integrable (PEIeI).

Los mandos medios deben alinear su plan operativo anual (POA) a este PEIeI.

Son escasos los funcionarios políticos y de carrera con la capacidad para elaborar, respectivamente un PEIeI o POA, con enfoque multisistémico y dinámico.

Un PEIeI debe ser concebido como una autopista de múltiples manos que nos llevará a alcanzar los objetivos estratégicos.

Nuestra organización debe verse como un vehículo que circulará por dicha autopista por el carril que convenga según las circunstancias en la que se opere.

Por lo tanto, el análisis de las fortalezas y debilidades de la organización, así como las oportunidades y amenazas del entorno deben monitorearse periódicamente.

Si dicho análisis es favorable, iremos por el carril rápido; si no lo es, por los otros carriles según el grado de dificultad enfrentada; pero siempre avanzaremos hacia los objetivos previstos.

Además, se debe tener en cuenta, cada vez que se tomen medidas para mejorar el desempeño de un proceso, el impacto sobre otros procesos.

En numerosas oportunidades se suelen tomar decisiones que parecen *prima facie* lógicas, pero que con el tiempo desencadenan consecuencias negativas, por no haber tenido en cuenta las posibles repercusiones en los procesos con los que se interacciona.

Un ejemplo de ello es cuando se descuidan las actividades de actualización de competencias del personal para bajar costos o tiempos y luego se terminan pagando sumas mayores por costos de la mala gestión relacionadas con las quejas, fallas, repeticiones, reprocesos y juicios incluidos los por mala praxis.

Otro ejemplo es cuando los economistas toman decisiones en función exclusiva de las leyes e intereses del mercado sin considerar el impacto y las consecuencias sociales, políticas, culturales y ambientales de dichas medidas, y las reacciones posibles de la población.

Parafraseando a Clinton, diríamos: ***"NO ES SOLO LA ECONOMÍA, ESTÚPIDO"***.[174] [175]

Medidas aplicables

* Actualizar las competencias de los postulantes o responsables de ejercer el liderazgo en las organizaciones en este tipo de modelos.[176]

* Lograr, a través de la capacitación y entrenamiento de los mandos altos y medios, que estos entiendan las interdependencias existentes entre los diferentes procesos del sistema y entre los subsistemas.

* Formar a los candidatos en gestión de redes.

* Pensar las estructuras en función de los procesos con enfoque sistémico y no de las personas o reparto de poder circunstancial.[177]

* Definir claramente los perfiles de cargo y proporcionar una mejor interpretación de los roles y responsabilidades necesarias para la consecución de los objetivos comunes y así reducir barreras interpersonales, interdepartamentales e interinstitucionales.

* Estructurar un sistema para alcanzar los objetivos estratégicos de la forma más eficaz y eficiente posible.

* Entender las capacidades organizativas y las limitaciones de los recursos antes de actuar.

* Definir claramente los pasos y la forma en que deberían funcionar las actividades específicas dentro del sistema.

[174] James Carville, asesor de Clinton, colgó en su b*ú*nker de campaña en Little Rock tres carteles: "Cambio v. más de lo mismo". "No te olvides del sistema de salud". "La economía, estúpido". La Nación -21/10/2007. https://www.lanación.com.ar/economia/así-nacio-la-frase-dirigida-a-un-estupido-nid954994/

[175] Ver capítulo 12.

[176] De allí que sea importante establecer el requisito de que todo aquel que dese presentarse para un cargo público de responsabilidad debe aprobar las capacitaciones pertinentes en una escuela de la función p*ública a cargo del INAP, los IPAP y los IMAP (Institutos Nacional, Provinciales y Municipales de administración Pública) correspondientes.*

[177] En el capítulo dedicado a salud, podremos ver c*ó*mo en un Ministerio se adaptó el organigrama al diagrama de procesos.

* Mejorar continuamente el sistema a través de la medición y la evaluación, y el uso de tableros de mando estratégicos, tácticos y operativos coherentes.

Resultados posibles

* Mejora del alcance de los resultados deseados gracias a la adecuada integración y alineamiento de los subsistemas de gestión y los procesos.

* Reducción de los costos de mala gestión posibilidad de redistribución de recursos.

* Mejora de la capacidad para enfocar los esfuerzos en los procesos críticos.

* Aumento de la confianza de las partes interesadas respecto a la capacidad de la organización en lograr resultados de calidad, en forma segura y económica con el menor impacto ambiental posible.

* Gestión de la información más rápida, completa y segura.

* Aseguramiento de la gestión y desarrollo de las personas involucradas en la cadena de valor.

* Mejor interacción entre todas las partes interesadas.

* Reducción de los riesgos inherentes al aplicar una visión holística en la toma de decisiones, contar con medidas preventivas y planes de contingencia adecuados.

* Generación de la confianza en la capacidad de la organización para dar respuesta a las necesidades y expectativas de todas las partes interesadas, así como en la calidad y seguridad de sus productos y servicios.

* Generación de una base muy sólida para la mejora y la innovación.

* Mejora de la satisfacción de las partes interesadas y aseguramiento de un mayor involucro en promover el éxito de la organización.

ENFOQUE A PROCESOS

Se alcanzan resultados coherentes y previsibles de manera más eficaz y eficiente cuando las actividades y sus recursos se gestionan como procesos interrelacionados que funcionan como un sistema integrado.[178]

El resultado obtenido por una organización depende directamente de cómo los responsables de todos los **procesos críticos**[179] los hayan planificado, implementado, verificado y mejorado·

Si logramos una gestión eficaz e integrada de dichos procesos, podemos inferir que lograremos un resultado satisfactorio en la gestión de la institución toda.

Los procesos son dinámicos y están sujetos a cambios generados en el propio proceso o en su entorno.

Los procedimientos, expresión documentada del proceso, son más estáticos.

Cambian solo cuando los responsables consideran que las variaciones del proceso son lo suficientemente significativas para volcarlas al documento de referencia.

Si son empleados correctamente, facilitan al personal a llevar a cabo sus tareas.

Cuando los procedimientos no son claros o no se actualizan, se convierten en un obstáculo para la adecuada gestión. Deben ajustarse a los cambios del proceso para ser útiles.

Los documentos deben estar al servicio de los procesos y no a la inversa. Deben ser los necesarios y suficientes para asegurar su gestión eficaz.

[178] *Norma IRAM-ISO 9001:2015.*

[179] Proceso crítico: el que afecta directa o indirectamente los resultados de los procesos de realización u operacionales.

Cada uno de los miembros de la organización pública o privada realiza a diario tareas que generan actividades.

El conjunto de actividades relacionadas que transforman elementos de entrada en elementos de salida, productos o resultados con un valor agregado constituyen un proceso.

El conjunto de procesos interrelacionados forma parte sustancial de un sistema.

Conocer y definir claramente los procesos críticos, tanto de dirección como de realización (operativos), soporte (apoyo) y gestión, así como lograr su adecuada interrelación, contribuye a asegurar la calidad de los resultados. (Ver figs. 5 a 7 Diagramas de procesos modelo).

Llamaremos procesos de dirección a los que la alta dirección no debe delegar y solo se le pueden auditar a ella. Sus tres subprocesos claves son: gestión del marco estratégico, planificación estratégica y revisión por la dirección. Estos subprocesos son los mismos para cualquier tipo de organización pública o privada.

Los procesos de realización u operacionales son aquellos que definen a la organización y los que se relacionan más estrechamente con sus resultados. Son los procesos que producen los servicios o productos que se entregan a los usuarios, clientes y otras partes interesadas.

Son los que agregan mayor valor a las tareas. Estos son específicos de cada rubro al que se dediquen.

Los procesos de soporte o apoyo son aquellos que son necesarios para que los de realización se lleven a cabo.

Más allá de alguna variante puntual, recomendamos que no falten: comunicación interna y externa, control de la documentación, gestión de la informática (programas, aplicaciones, redes, IA), gestión y desarrollo del factor humano (administración, actualización de competencias y evaluación del personal, política de reconocimientos), control de los suministros externos (información para compras, compras, verificación de lo adquirido y evaluación de proveedores), gestión de insumos y depósitos, gestión de la infraestructura (edificios, espacios físicos e instalaciones, *hardware* y *software*, medios de transporte y de gestión de la comunicación e información), asesoría para la adquisición de elementos o servicios relacionados con la infraestructura, mantenimiento predictivo, preventivo y correctivo) y el ambiente de trabajo (físico, psíquico y social), gestión económico-financiera (economía, finanzas, análisis de costos por actividad y de mala gestión).

Los procesos de gestión son un tipo especial de procesos de soporte que los diferenciamos porque son necesarios para sostener al propio SGIeI.

Sus cuatro componentes claves son: evaluación de desempeño mediante el control estadístico y las auditorías internas, el tratamiento de las oportunidades de mejora (quejas, reclamos, no conformidades, sugerencias de mejora), la gestión de los riesgos y la seguridad y la gestión ambiental. Estos últimos, al igual que los de dirección, son los mismos para cualquier tipo de organización.

La gestión por procesos permite repensar la forma en que se hacen las cosas y redefinir las autoridades y responsabilidades ya no solo por las funciones jerárquicas, sino por el rol que le compete a la persona en las diferentes etapas del proceso.

Apunta a la mejora de la eficiencia de la organización mediante la reducción de los tiempos y los costos a través del aprovechamiento óptimo los talentos individuales, los recursos económicos, los materiales, y las metodologías de trabajo.

La prevención de los riesgos, consecuencias e impactos de las actividades en los usuarios-clientes y el personal, los proveedores y las otras partes interesadas es un aspecto insoslayable en este tipo de gestión.

En las actividades de atención de la salud, educativas, de seguridad o justicia, se genera una toma de conciencia en los mandos medios de la importancia e impacto de los otros procesos en sus resultados y les ayuda a comprender la gestión de la interfase con ellos, forma parte de sus **responsabilidades** de conducción.

Por ejemplo: un jefe de una unidad operativa reconoce su corresponsabilidad en el control de la gestión de las compras de insumos y dispositivos, o del mantenimiento de los equipos utilizados en su servicio o del programa de actualización de competencias del personal como factores que inciden fuertemente en el resultado de los procesos a su cargo y se involucra por cuenta propia o través de sus colaboradores en dichos procesos.

Todo proceso debe ser ordenado, controlado y mejorado por el responsable de proceso.

Ordenar es

1. **Identificar.** Asignarle un único nombre en toda la organización.
2. **Definir.** Determinar las actividades que son el inicio y el final del proceso.
3. **Describir.** Mediante un flujograma o cursograma. Analizar la secuencia de las actividades y tomas de decisión.
4. **Documentar.** Elaborar los documentos que establecen requisitos (procedimiento e instructivos) y los que dejan evidencias (registro).

Controlar es

1. **Definir los objetivos.**
2. **Seleccionar los datos relevantes** que resultan útiles para la toma de cesiones
3. **Establecer los métodos** que den confianza en la recolección, registro (periodicidad, formato, contenido), análisis de resultados, graficado e informe y toma de decisiones.
4. **Determinar el estándar y desvío tolerado.**

Mejorar es

1. **Comparar los resultados** alcanzados con el estándar establecido.
2. **En caso de cumplir con el estándar o superarlo, formalizar** el proceso (en el tablero de mando, en verde).
3. **En caso de que el resultado esté dentro de la tolerancia establecida,** realizar análisis de tendencias.[180]
4. **En caso de que el desvío esté más allá de lo tolerado** (en el tablero de mando, en rojo), se realizan las causas,[181] se toman acciones correctivas y se hace seguimiento de la eficacia de estas.

En un sistema de SGIeI hay varios métodos de control de los procesos y responsables. A saber:[182]

RESPONSABLE	CEP	TOM	AI	RXD	AE	FE
Responsable de proceso	1	1				
Jefe inmediato superior (área o sección)	1	1				
Auditor interno			1			
Alta dirección				1		
Comité de mejora del desempeño	1	1	1	1	1	1
Auditor externo					1	
Fiscalizador externo						1

Tabla 2. Métodos de control de gestión y sus responsables en un SGIeI.

[180] Si tiende espontáneamente a la mejora esperar a que consolide la tendencia y llegue espontáneamente a alcanzar el estándar. En caso de mantenerse o tender al empeoramiento tratarlo como no conformes. El análisis requiere 7 datos en línea. Si el impacto del desvío en el proceso es importante puede sacarse una conclusión preliminar con 3. En el tablero de mando en amarillo.

[181] Por ejemplo, con los diagramas de Pareto e Ishikawa.

[182] Referencias: **CEP:** control estadístico de procesos, **TOM**: tratamiento de oportunidades de mejora: **AI:** auditoría interna, **RXD:** revisión por la dirección, **AE:** auditoría externa y **FE:** fiscalización externa.

Existe una falta considerable de líderes, facilitadores, implementadores y auditores de sistemas de gestión, más en el sector público que en el privado.

El responsable de proceso, el jefe de área o sección y, el **CMD** y la alta dirección deben conocer y tener en cuenta como evidencia objetiva para la toma de decisiones el tablero de mando, los informes de auditoría interna, externas de segunda y tercera parte y las fiscalizaciones.

Cabe aclarar que las auditorías tienen por objeto encontrar oportunidades de mejora, por lo tanto, deben ser programadas con antelación con los responsables de proceso y contar con un plan de auditoría. En tanto la fiscalización tiene por objeto detectar incumplimientos de requisitos legales. Debe ser sorpresiva.

Es común que estos dos conceptos se confundan y por eso las auditorías generen resquemor en algunos auditados hasta tanto se crea el clima de confianza.

Medidas aplicables

* Planificar e implementar un programa de actualización de competencias en la gestión por procesos y en la técnica de procesos para mejora de los procesos a todo el personal, pero comenzando por los mandos altos y medios.

* Capacitar y entrenar a los jefes de cada organismo, programa, proyecto o servicio para que puedan desarrollar su diagrama de procesos críticos, la interrelación entre procesos y aprender a gestionarlos con enfoque sistémico.

* Lograr que todos, en el nivel pertinente, sepan ordenar, controlar y mejorar sus procesos.

* Fomentar los equipos de mejora que permitan aplicar efectivamente este principio.

* Compartir en todos los niveles el aprendizaje logrado del tratamiento de los desvíos, no conformidades y reclamos (organización inteligente).

* Mostrar a través de los resultados obtenidos las ventajas del modelo.

* Reconocer a las personas y equipos que se involucren en las pruebas piloto que promuevan el cambio.

* **Organizar la estructura en función de los procesos y no a la inversa.**

* Establecer la distribución del poder para la toma de decisiones por funciones, por procesos y por proyecto según sea conveniente.

* Establecer con claridad los pasos a seguir:

1. Realizar un buen diagnóstico de situación (análisis de contexto y auditoría diagnóstica).
2. Contar con el compromiso y asegurar la competencia de la alta dirección.
3. Logar el involucro efectivo y actualización de competencias del personal.
4. Contar con una documentación adecuada, necesaria y suficiente.
5. Internalizar la gestión por procesos.
6. Usar de forma efectiva las herramientas de gestión, trabajo en equipo y prevención y resolución de conflictos y problemas.
7. Transformar "el miedo a las no conformidades" en la confianza en la mejora.
8. Utilizar los indicadores y otras evidencias objetivas para la toma de decisiones.
9. Integrar a los clientes, proveedores y otras partes interesadas en el SGIeI.
10. Gestionar la "informática" al servicio de los procesos y no a la inversa.

Resultados posibles

* Mejor comprensión por parte de los diferentes sectores de la organización de su necesidad recíproca de apoyarse en la búsqueda de las soluciones a los problemas que le son comunes.[183]

[183] Esto implica "hacerse cargo" en forma conjunta de la resolución de los problemas y evitar el estar deslindando responsabilidades cuando no competa. Tratar de ser parte de la solución.

* Mayor interacción efectiva entre los diferentes sectores de la organización·

* Comprensión de los requisitos a cumplir por el resultado (producto o servicio) del proceso a fin de facilitar a los procesos con los que está conectado al logro de sus objetivos.

* Mejora objetiva y mensurable en los resultados de los procesos.

* Todos los niveles involucrados conocen de forma integral a la organización.

*Toma de conciencia del personal de la importancia e impacto de su tarea en los resultados.

* Toma de conciencia del potencial efecto mariposa, dominó o en cascada de una medida aparentemente banal o focal.

* Mejora de la capacidad para generar y compartir datos, información y conocimiento.

* Fomento del sentimiento de "equipo" entre las partes involucradas.

* Mejora de los resultados y baja de los costos de mala gestión.

* Mayor eficacia, eficiencia y efectividad.

* Promoción de las acciones proactivas en un clima de confianza y reconocimiento.

A continuación, veremos varios ejemplos de diagramas de procesos (Figs. 5 a 7)[184] donde podemos verificar que los procesos de dirección y gestión son los mismos, los de soporte pueden tener algún proceso específico pero que en general hay 8 que se reiteran y los únicos procesos que son propios de cada organización son los de realización u operacionales.

[184] En el capítulo 13 se pueden observar otros diagramas similares aplicados a organizaciones de salud. Ademas en www.argentopia.com.ar compartimos otros ejemplos de diagramas de procesos.

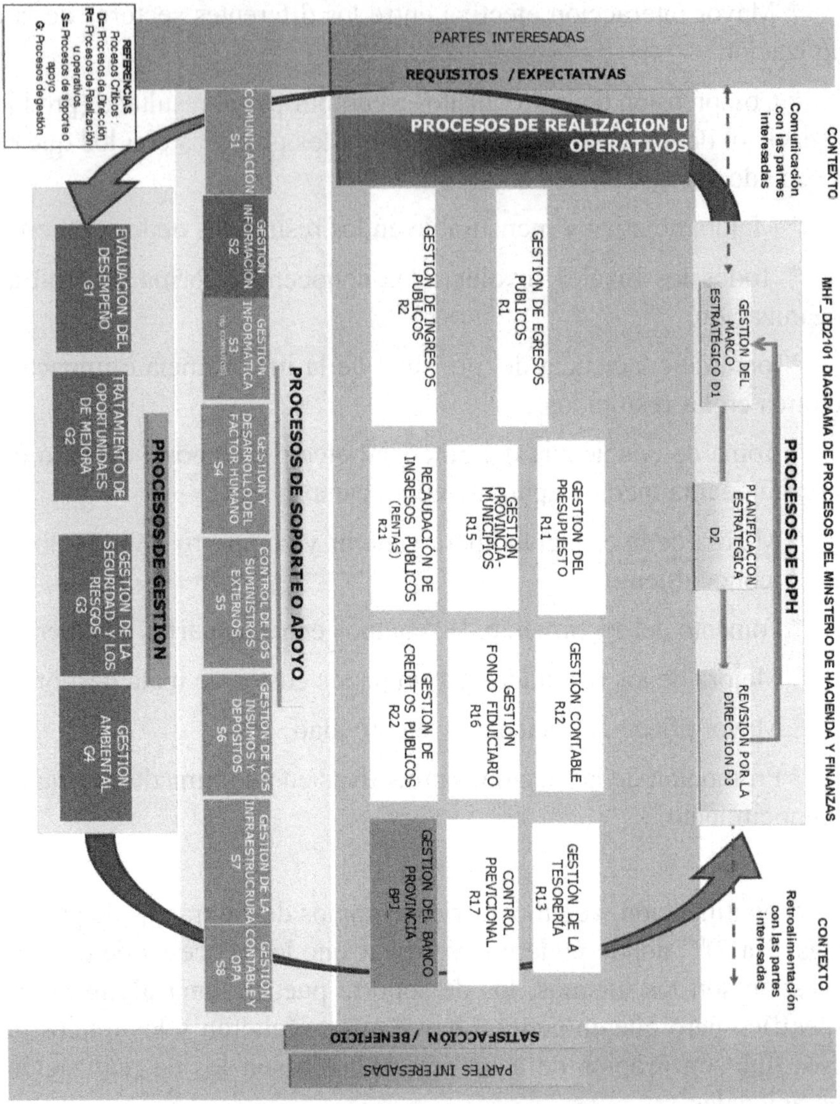

Figura 5: Modelo de diagrama de procesos aplicable a un Ministerio de hacienda de una provincia argentina[185]

[185] Facilitado por Delta Q SRL. al igual que los de las figuras 6 y 7.

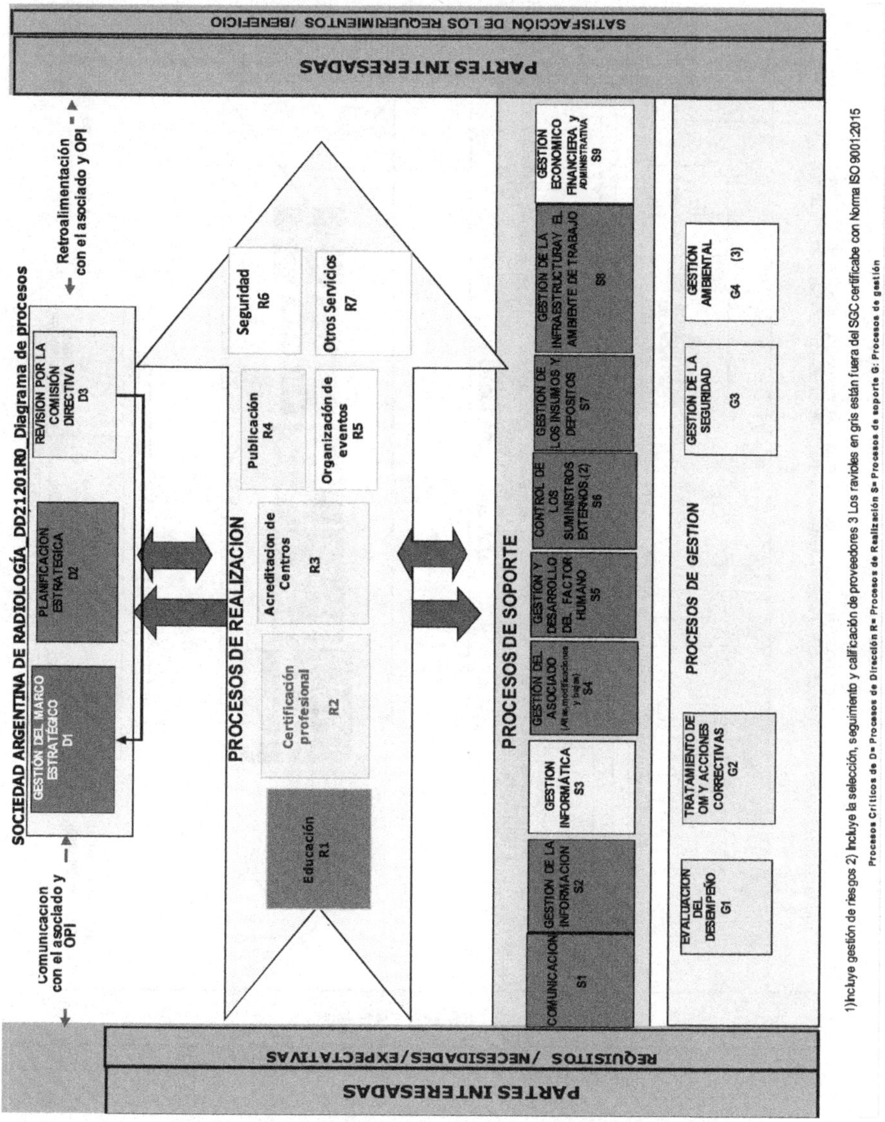

Figura 6: Modelo de diagrama de procesos aplicable a una sociedad científica

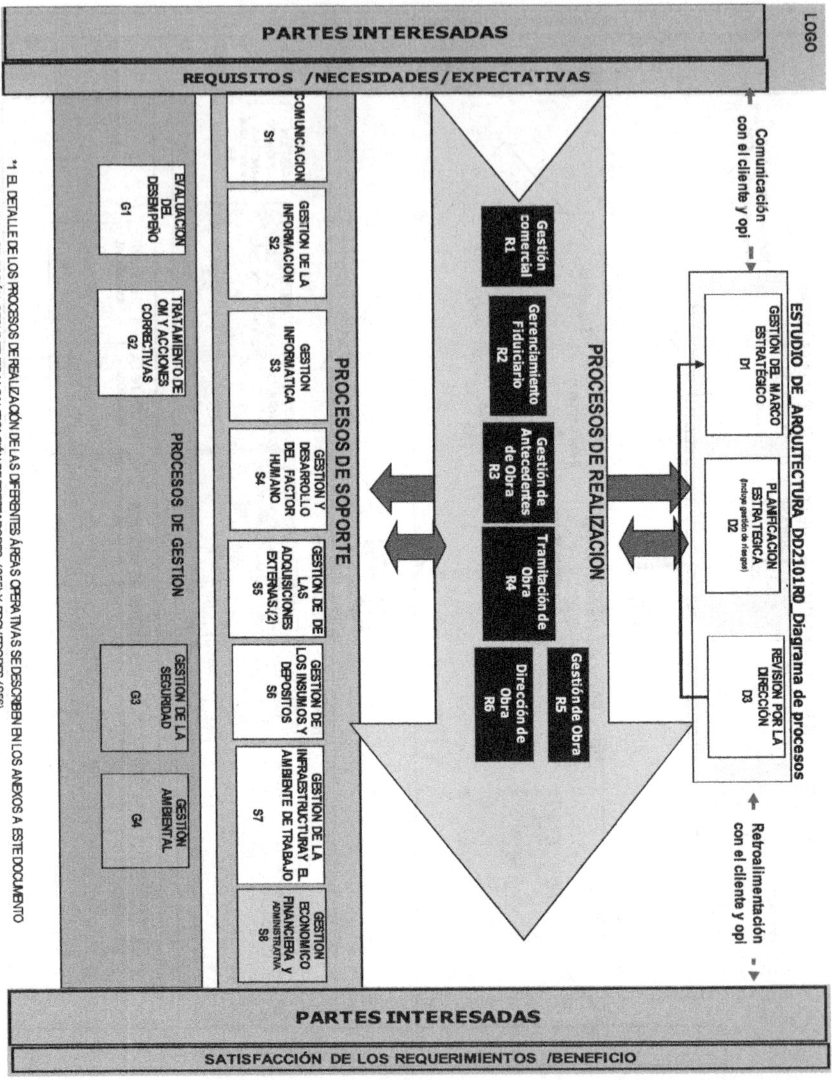

Figura 7 Modelo de diagrama de procesos aplicable a un estudio de arquitectura.

TOMA DE DECISIONES BASADA EN LA EVIDENCIA[186]

Las decisiones efectivas que se basan en el adecuado análisis y evaluación de los datos[187] e información tienen mayor probabilidad de producir resultados deseados.

La norma ISO 9001 y los modelos de excelencia (Premios Nacionales a la Calidad/EFQM/SEIS SIGMA Y OTROS) asignan a este aspecto suma trascendencia.

Mediante el análisis de los datos, se construye la información que, al ser aplicada a la mejora de la organización, genera conocimiento.

De la reiteración de la aplicación del conocimiento, surge la experiencia.

De la capacidad de adaptación a los cambios y al continuo aprendizaje, de dicha experiencia surge la "competencia experta" o "expertitud".

Un objetivo estratégico de una organización pública o privada es lograr que todo su personal sea experto en lo que hace.

De la generación y uso conveniente de dicha expertitud, dependerá el nivel de desempeño de las personas y de la institución.

Las organizaciones inteligentes son aquellas que mejor comparten los datos y la información entre todos los miembros de su cadena de valor y son capaces de generar y actualizar permanentemente sus conocimientos.

Los hechos son obtenidos de la observación y registro de las evidencias objetivas interpretadas por gente calificada (administrativos, profesionales u otro personal con habilidad para el control de gestión y el estadístico de los procesos, los auditores de sistemas de gestión, y otros).

[186] Se entiende por tomar decisiones basadas en evidencias objetivas verificables. Esta actitud de priorizar la racionalidad no implica la eliminación de las decisiones con componente intuitivo, sino la necesidad de contrastar sistemáticamente los resultados obtenidos con los deseados si se optara por este último tipo de actitud decisoria.

[187] Dato: Descripción puntual cuali- o cuantitativa de la realidad.

Para ello es clave que conozcan y apliquen las herramientas de seguimiento y medición apropiadas (encuestas de satisfacción, histogramas, diagramas de barra categóricos [Pareto], temporales, de causa efecto, de radar, torta y otros).

El control estadístico de los procesos permite tener una visión mensurable y comparable de la evolución de los resultados relacionados con los objetivos. Contribuye a contar con una percepción más ajustada de la realidad.

La información debe ser conocida y aprovechada por todo el personal en forma rápida, precisa y segura.

Por eso, asegurar su fácil accesibilidad es clave en la medida que le resulte útil al personal para asegurar la operación y el control adecuado de los procesos en los cuales está involucrado y es responsable.

Tanto para la planificación como la implementación la verificación y la mejora, es fundamental seleccionar los datos relevantes (que sirvan para la toma de decisiones) y confiables.[188]

El control estadístico de procesos en tiempo real (CEPETRe)[189]

El nivel de formación en estos temas de los niveles altos y medios en el sector público es, salvo excepciones, paupérrimo tanto a nivel nacional como provincial y aún más municipal.

Como dice el profesor Ruiz Falcó Rojas (2006), el "Control Estadístico de Procesos nació a finales de los años 20 en los Bell Laboratories. Su creador fue W.A. Shewhart, quien en su libro *Economic Control of Quality of Manufactured Products* (1931) marcó la pauta que seguirían otros discípulos distinguidos (Joseph Juran, W.E. Deming, …)".

[188] Mediante el aseguramiento del uso de los métodos adecuados para la recolección y registro de los datos, la consolidación y graficado de los resultados, el análisis, la toma decisiones y la verificación de la eficacia de las medidas tomadas.

[189] David Mendez Nuñez. Mejoras que aporta la implementación del control estadístico de la calidad en el proceso de mejora de una empresa. Trabajo de fin de grado. Universidad de Salamanca. 2024.

El uso de tableros de mando integrales se introdujo en 1992[190] y ha evolucionado, sobre todo con el advenimiento de la inteligencia artificial hacia los tableros de CEPETRe.

Con el advenimiento de la IA, la gestión de los datos se ha magnificado y acelerado permitiendo mejorar el control y uso.

Sus características son:

Permite controlar y monitorear procesos.

Utiliza herramientas estadísticas y de análisis de datos en un volumen y con una velocidad cada vez mayores.

Identifica los desvíos respecto a los estándares establecidos y las tolerancias aceptables tempranamente, facilitando la toma de acciones correctivas precoces.

Ventajas

- Mejora la eficacia y la eficiencia.
- Aumenta el nivel de certidumbre en la toma de decisiones y la probabilidad de alcanzar un resultado en tiempo y forma.
- Asegura la mejora de la calidad.
- Reduce riesgos y costos.
- Mejora la aplicación del ciclo de Deming.

Para su adecuada implementación, requiere contar con:

- Competencia de los involucrados.
- La tecnología adecuada (*hardware*, *software* y redes, IA).
- Los recursos materiales, económicos y financieros.
- La infraestructura.
- Los planes de prevención de riesgo y de contingencias (cortes de luz, caídas de sistemas, ataques cibernéticos, sismos, incendios, etc.).

[190] Cuadro de Mando Integral (CMI), también conocido como Balanced Scorecard (BSC), fue introducido por primera vez por Robert Samuel Kaplan y David P. Norton. "El Cuadro de Mando Integral: Medidas que Impulsan el Rendimiento" Harvard Business Review, 1992.

Esto debería ser una prioridad dentro de las políticas públicas dado que no se puede mejorar los que no se controla y no se controla lo que no se mide.

En vez de gastar tanto dinero en encuestas que satisfagan su ego, los gobernantes deberían ocuparse más en hacer bien la cosas para las que son elegidos.

Un ejemplo sería el Real Time Intelligence Center implementado por YPF para la gestión remota desde Puerto Madero de los pozos de Vaca Muerta.[191]

Esto combinado con evaluaciones en terreno puntuales da al sistema ventajas competitivas de primer mundo.

Es tanto lo que hay que hacer al respecto que resulta ofensivo ver cómo los líderes locales gastan nuestros recursos y su tiempo en temas que no impactan realmente en la calidad de vida de la gente y que cada vez nos importan menos.

Medidas aplicables

* Actualizar la competencia del personal responsable en el uso efectivo de las herramientas de detección y resolución de problemas, CEP y cuadro de mando integral.

* Una vez que la dirección de la organización haya definido la política y determinados los objetivos para ser alcanzados por los procesos generales, los mandos intermedios deben hacer lo mismo con aquellos procesos que les competen como responsables.

* Definir los métodos de seguimiento y medición, los criterios para emplear y los estándares, desvíos tolerados e indicadores necesarios para tener el control de la medida en que se van cumpliendo los objetivos establecidos.

* Implementar sistemáticamente CEP y de ser posible CEPETr y compartir la información y la experiencia en red tanto con organizaciones públicas como privadas con objetivos similares.

[191] Laura Hevia y Loana Tejero: YPF inauguró el Real Time Intelligence Center para gestionar de forma remota la perforación y fractura de pozos en Vaca Muerta. Econo journal. OIL&Gas, Energía, Minería. 13/12/2024.

* Invertir en la conectividad e infraestructura necesarios para facilitar el acceso a los datos y el procesamiento de la información con el fin de la mejora de la gestión.

* Asegurar la transparencia de la gestión mediante el acceso público a los resultados de la gestión.

Una vez realizado esto, se debería:

* Asegurar que los datos y la información son relevantes y suficientemente precisos y fiables.[192]

* Hacer accesibles los datos a quienes los necesiten.

* Analizar los datos y la información empleando métodos sujetos a validación.

* Establecer tableros de mando estratégico, tácticos y operativos que sean usados efectivamente por la alta dirección, los mandos altos y los responsables de proceso para la planeación, seguimiento y mejora respectivamente.

* Asegurar mediante el soporte informático adecuado la gestión rápida y segura de dichos datos.

* Aprovechar los aportes que pueda dar la inteligencia artificial.

* Asegurar que la gestión de los datos responda a los requisitos legales y reglamentarios vigentes, así como a las normas de *compliance*.[193] [194]

[192] La relevancia del dato se la da sus características y la confianza, el método empleado. Relevante significa que sirve para la toma de decisiones.

[193] Ante la permanente difusión de noticias sobre escándalos relacionados con actos de corrupción que involucran a funcionarios públicos, empresarios inescrupulosos o sindicalistas que impactan negativamente en la adecuada gestión de las políticas públicas, se aprecia un aumento de la sensibilidad social al respecto. Esta reclama procedimientos y buenas prácticas para identificar y clasificar los riesgos operativos y legales a los que se enfrentan las organizaciones públicas y privadas, con o sin fines de lucro. Exige que se establezcan mecanismos internos de prevención, gestión, control y reacción frente a estos.

Los modelos de *compliance* (*Corporate compliance* o Cumplimiento corporativo) es un modelo donde las organizaciones internalizan estándares éticos y legales como protocolos de buen gobierno cumplimiento obligatorio.

[194] Ver Sistema de Gestión de Compliance (SGCo) Norma ISO 37301:2021.

* Tomar decisiones y emprender acciones basadas en el análisis de los hechos en forma equilibrada y teniendo en cuenta el entorno, los antecedentes, la experiencia previa y otras circunstancias (políticas, sociales, culturales, económico-financieras y otras).

* Gestionar por objetivos y resultados.[195] [196]

Resultados posibles

* La reducción de los errores al basar las decisiones en el empleo de información fidedigna y confiable.

* Una mayor capacidad de la organización para demostrar el grado de efectividad de las decisiones tomadas en el pasado a través de la referencia a registros objetivos.

* Mejora de la capacidad para revisar, cuestionar y cambiar las opiniones y decisiones.

* Disminución de los riesgos y los costos por mala gestión o praxis.

* La adecuada utilización de los indicadores de desempeño que resulten útiles en cada nivel más allá de los solicitados por las autoridades competentes.

* El empleo de tableros de mando efectivos y dinámicos.

* El aumento de la velocidad y seguridad en la gestión de los datos y en la toma de decisiones.

* La posibilidad de comparar resultados con los de otras organizaciones (*Benchmarking*).

* Análisis de tendencias.

[195] *"Es el modelo de administración de los recursos públicos centrado en el cumplimiento de las acciones estratégicas definidas en el plan de gobierno para un determinado período de tiempo. Permite gestionar y evaluar el desempeño de las organizaciones del Estado en relación con políticas públicas definidas para atender las demandas de la sociedad".* Cont. Walter Miner. Gestión por Objetivos y Resultados en el Sector Público. Contaduría General de la Provincia de Río Negro Viedma, 8 y 9 de octubre de 2014.

[196] Estrategia de gestión que se centra en el desempeño y el logro de productos, efectos e impacto (OCDE, 2002).

* El seguimiento del impacto de las acciones correctivas, mejoras e innovaciones implementadas.

* Sobre la base de la experiencia adquirida, la extensión del uso de dichos indicadores en otros miembros de las redes conque interactúa la organización.

* El uso compartido de esta metodología y los datos con otras organizaciones a fin de fortalecer la gestión integral, mejorar los resultados combinados y conjuntos, y disminuir el nivel de incertidumbre en la toma de decisiones (colaboración y *coopetición*[197]).

MEJORA

La mejora es el hábito que adquiere una organización de la búsqueda permanente de su propia superación.

La mejora continua es una acción compartida por todos los miembros de la organización y los involucrados en su cadena de valor.

Tiene directa relación con la capacidad de la organización para prever y adaptarse a los cambios.[198]

La mejora debe ser un objetivo permanente en el desempeño integral de cualquier organización pública o privada. Tal es su importancia que la alta dirección debe expresar su compromiso con ella en la política de gestión integrada e integrable.

Para la progresiva mejora de la eficacia y la eficiencia de las organizaciones, hay que aplicar procesos que permitan emplear el método científico y el uso sistemático de las herramientas de gestión y de trabajo en equipo.

No se trata solamente de señalar los problemas (control de las no conformidades), sino de seguir y controlar los cambios propuestos (ac-

[197] *Coopetición*: traducción libre del término anglosajón "*coopetition*" que implica la colaboración entre competidores.

[198] Normas ISO 9000, 9001, 9004, documentos IWA y referencial del Premio Nacional a la calidad.

ciones correctivas, preventivas) para el efectivo aprovechamiento de los errores y las fallas como posibilidades de mejora, sino de desarrollar una cultura basada en la confianza y la generación del conocimiento.

Como suele decir el Dr. Daniel Angeleri,[199] el error humano es ubicuo. Es decir, aparece en cualquier momento y lugar. *Errare humanum est* decían los antiguos romanos.

El ser humano es perfectible, pero no perfecto. Sus organizaciones, por lo tanto, heredan esta característica.

De allí que es de esperar que, por mejor diseñado que esté un sistema de gestión, la falla y el desvío se harán presentes y constituirán oportunidades de mejora.

Solo debemos estar atentos para su prevención y, cuando no sea factible su detección precoz, con el objeto de reducir al máximo el riesgo para todos los involucrados.

La mejora puede tener varios niveles de complejidad:

Mejora puntual de proceso

Es en respuesta a una falla o desvío detectado. El responsable del proceso se hace cargo por sí o con su equipo de colaboradores del análisis de causas, la selección de la acción correctiva y la evaluación de la eficacia de esta.

Mejora del proceso

Se aplica cuando el proceso en sí tiene fallas y se utiliza la técnica de procesos para mejora de procesos. Está a cargo de un equipo de mejora cuyo líder es elegido por el equipo guía (CMD) y el facilitador es conocedor de la técnica a aplicar.

[199] Exdirector del Hospital San Roque de Gonnet, Argentina, en el momento en que obtuvo la certificación ISO 9001 para los procesos de atención en consultorio externo de los pacientes derivados del área programática y la gestión de la farmacia hospitalaria. Es, además, piloto de avión.

Reingeniería del proceso

Es una mejora de proceso más compleja donde, además, se analiza la interrelación con otros procesos. Requiere la conformación de un equipo de mejora con un líder elegido por el equipo guía (CMD), pero además contar con un facilitador especializado en reingeniería de procesos.

Innovación de procesos

Implica desarrollar un proyecto muy complejo pues se trata de repensar el proceso desde cero con enfoque sistémico. Requiere de un líder de proyecto, un equipo y un facilitador muy formados en gestión de datos y CEPETr, herramientas de gestión y de trabajo en equipo, en los objetivos de proceso, los medios requeridos para alcanzarlos y comunicación efectiva. Se requiere de un equipo multidisciplinario y probablemente de apoyo externo. Los facilitadores y asesores deben tener experiencia en proyectos de innovación previos.

Nota: el impacto y riesgo es directamente proporcional a la complejidad de la mejora encarada.

Reingeniería de sistemas

Cuando un sistema es perverso o la falla es sistémica, nos quedan dos opciones: o hacemos una reingeniería de todo el sistema o innovamos y empezamos de cero.

Esto requiere de un nivel de competencia y de gestión de la información supremos, y es de muy difícil implementación y de altísimo riesgo. Pero a veces es necesario.

En el sector público requiere fijar una política de Estado por consenso, asegurar el marco regulatorio adecuado y contar con una masa crítica de la población que esté dispuesta a acompañar el cambio.

Medidas aplicables

* Capacitar a todo el personal en la detección de problemas, incumplimiento de requisitos o desvíos en los resultados; en el análisis de sus causas y en la implementación de acciones correctivas eficaces.

* Intentar progresivamente instaurar la conciencia sobre la necesidad de progreso permanente de la organización.

* Adecuar su capacidad de responder satisfactoriamente a las necesidades generadas por el cambio en los requisitos de los clientes-usuarios, las otras partes interesadas, las leyes y reglamentos vigentes, los establecidos por la propia organización, y los cambios producidos en la sociedad y el ambiente.

* Articular las posibles medidas para la implementación de este principio con el foco puesto en la mejora del desempeño global de la organización.

* Pasar del miedo a los errores a la confianza en el tratamiento de las oportunidades de mejora.

* Implementar un eficiente sistema de tratamiento de las no conformidades y acciones correctivas y preventivas.

* Gestionar los riesgos.

* Reconocer a los equipos que logren resultados.

Resultados posibles

* La resolución de los problemas en equipo, con el uso sistemático de herramientas aplicables y con enfoque sistémico.

* La toma de decisiones participativa.

* La mejora de la comunicación interna y con los proveedores y ciudadanos-clientes-usuarios.

* La gestión más eficaz de la cadena de valor.

* El agregado de valor a los procesos.

* La baja de los costos por mala gestión con un más eficiente uso de los recursos.

* La reducción de los desperdicios, descartes, reprocesamientos, repeticiones.

* La mejora de la satisfacción de los beneficiarios de los resultados de los procesos.

* La reducción significativa los riesgos operativos y legales.

* El aseguramiento de un nivel de capacidad y competencia que permita a la organización posicionarse en la comunidad y el sistema para convertirse en un modelo de referencia, por la calidad de su personal, los servicios ofrecidos y de su organización a nivel local, nacional y, por qué no, regional.

Estos principios son los que sirven de cimientos y sostén de un SGIeI.

Aplican por igual a todas las instituciones sin importar sus características. Por eso es esencial que todos los miembros de una organización pública o privada los conozcan y tengan en cuenta en su accionar cotidiano.

Capítulo 6
OTROS PRINCIPIOS RELACIONADOS CON LA GESTIÓN INTEGRADA E INTEGRABLE[200]

GESTIÓN SISTEMÁTICA DEL RIESGO (SEGURIDAD)

Introducción

El riesgo es la probabilidad de que un peligro genere un efecto no deseado.

Un peligro es un hecho real o potencial.

El riesgo es inherente al ejercicio de cualquier tarea, tanto para el personal como para el receptor del producto o servicio prestado.

La gestión de los riesgos implica llevar adelante a nuestras organizaciones en un marco de creciente incertidumbre.

Para ello es conveniente aclarar ciertos antecedentes y conceptos:

Probabilidad simple: es la cantidad de veces[201] que puede darse un evento en un contexto dado.

Probabilidad frecuentista: es la probabilidad que surge debido a la existencia de fenómenos aleatorios en los cuales no se puede determinar con precisión la probabilidad clásica de cada evento simple, es decir, que no podemos precisar cuántos resultados favorables a un evento existen y/o cuántos resultados posibles hay.

[200] Pittaluga, Roberto Rubén y Pittaluga, Florencia: "Teórico 2– Principios de la Gestión integrada e integrable de las Organizaciones de Salud" del Módulo 1. Introducción a los Sistemas de Gestión de la calidad en las Organizaciones de salud. Delta Q SRL. 2015.

[201] Ejemplo: la probabilidad de que se dé el evento A está dada por el cociente entre la cantidad de elementos del conjunto favorables al evento A y el número de elementos del conjunto Ω, siendo estos últimos igualmente probables. Ej.: que la moneda caiga de cara o de seca o que salga el numero 1 al tirar un dado.

Probabilidad axiomática: es la medida o función de probabilidad mediante una serie de axiomas.[202]

Probabilidad subjetiva: es la probabilidad de que ocurra un evento, basada en el juicio, la experiencia, la opinión o la creencia personal de un individuo.

Probabilidad objetiva: es la medida de la probabilidad matemática de que dicho evento suceda.

Probabilidad cuantitativa: es una probabilidad que se expresa con un número, habitualmente un valor entre 0 y 1 (o entre 0 % y 100 %).[203]

Probabilidad cualitativa: es una probabilidad que se expresa de forma verbal o categórica.[204]

Probabilidad conjunta: la probabilidad conjunta de dos eventos A y B es simplemente la probabilidad de que ambos sucedan al mismo tiempo.

Probabilidad marginal: es la probabilidad de ocurrencia de un evento A, sin pensar en la existencia de otro evento B que suceda de modo simultáneo con A.

Probabilidad condicional: la probabilidad del evento en cuestión está condicionada a la ocurrencia de otro evento.

Preferencia: la toma de decisiones, una vez sucedido el evento, dependerá del valor asignado al impacto, daño o beneficios que pensamos obtener de las acciones correctivas aplicadas (Borge, 2004).

Verosimilitud: es la probabilidad de que un evento de riesgo ocurra, y es un factor clave para evaluar la prioridad de un riesgo junto con su impacto (Poppe, 2017).

[202] Andrei Kolmogorov. 1933. 1) Conocida la probabilidad de un evento A, se puede conocer la de su complemento. 2) La función de probabilidad está incluida en el intervalo real. 3) La probabilidad del evento vacío es nula.

[203] Este tipo de probabilidad suele confundirse con la objetiva. Permite realizar 1) cálculos matemáticos, 2) análisis costo-beneficio, 3) comparación con resultados previos o de otras organizaciones (*Benchmarking*), 4) modelos matemáticos y simulaciones, 5) gráficos y análisis de tendencias.

[204] La probabilidad cualitativa puede cuantificarse si se establece arbitrariamente una escala numérica al rango de observaciones. Ej. Improbable = 1 Muy probable = 4.

Por otra parte, Daniel Kahneman y Amos Tversky desarrollaron el concepto de economía emocional o del comportamiento, trabajos sobre el campo general del juicio y la toma de decisiones.[205]

En su teoría de las perspectivas los individuos toman decisiones, en entornos de incertidumbre, que se apartan de los principios básicos de la probabilidad. A este tipo de decisiones lo denominaron atajos heurísticos y son prácticos, pero sumamente riesgosos (Kahneman y Tversky, 1972, 1986).

Es decir, nosotros, los humanos, no siempre tomamos decisiones racionales y esto es un peligro que encierra un riesgo implícito en nuestras actividades.

Hay una extensa bibliografía sobre este tema por lo cual no voy a extenderme, sino a hacer hincapié en aquello que debemos considerar en un SGIeI.

La gestión de riesgos ha sido un concepto básico en actividades como la aeronáutica, la industria naviera o el trabajo con radiaciones desde hace décadas.

Todos somos conscientes de que las actividades relacionadas con la atención de la salud, la seguridad, la defensa, la educación, la justicia, la producción de bienes y servicios y otras son riesgosas, pero no se hace evidente en la toma de acciones preventivas sistemáticas bajo condiciones controladas y validadas en todos los casos.

En un sentido amplio, la prevención de riesgos podría aplicarse a:

La seguridad y salud ocupacional

La seguridad informática

La seguridad de la información

La seguridad de los bienes

La seguridad de las personas. En salud es prioritaria la seguridad del paciente.

La seguridad económico-financiera

[205] Este tema se desarrolla más extensamente en el capítulo 12.

La prevención de riesgos legales

Escapa al alcance de este capítulo extendernos en el detalle del tratamiento de cada uno de estos riesgos.

Marco reglamentario y legal

La normativa vigente es muy amplia. Como referencia he utilizado en mis trabajos la siguiente.

- ISO 9001/2015 Sistemas de Gestión de Calidad[206]
- ISO 19011/2018 Auditorías en las organizaciones[207]
- Serie ISO 27001Seguridad en la información
- ISO 31000/2018 Gestión de riesgos[208]
- ISO 37000 Prevención de los sobornos
- ISO 37301/2021 Cumplimiento (*Compliance*)[209]
- ISO 45001 Seguridad y Salud en el trabajo
- ISO 55000/2014-55001/2024-55002/2018 Sistema de la Gestión de Activos[210]
- UNE 179003 Seguridad del paciente

[206] Es la que establece los requisitos de un sistema de gestión y menciona la necesidad de contar con un análisis y tratamiento adecuado de los riesgos inherentes a las tareas.

[207] Da directrices de cómo llevar a cabo adecuadamente una auditoría y las características de los auditores.

[208] Establece los requisitos de gestión de los riesgos y es la norma para tener en cuenta primariamente para este tema.

[209] Compliance management systems – Requirements with guidance for use. Es una norma que establece los requisitos para el cumplimiento de los valores y la normativa requerida para una adecuada y ética gobernanza.

[210] Conjunto de tres normas: la ISO 55000. Gestión de activos – Aspectos generales, principios y terminología; ISO 55001, Gestión de activos – Sistemas de gestión – Requisitos que contienen directrices para establecer un Sistema de Gestión de Activos en las organizaciones y la ISO 55002 que da directrices para la aplicación de la ISO 55001 Es una norma de Gestión de Riesgos aplicable en el ámbito económico. El estándar apunta a la adecuada gestión de todo tipo de activos, incluidos los intangibles.

- ISO 22620, Gestión de desastres naturales y emergencias

Decreto N.º 1250/1999 Sistema federal de emergencias (SIFEM)[211]
Marco de Hyogo/2005[212]

Marco de Sendai/2015[213]

Ley N.º 27.287/2016 Sistema Nacional para la Gestión Integral del Riesgo y la Protección Civil (SINAGIR)[214]

La normativa relacionada con la información se trata en la sección pertinente.

Cómo gestionar los riesgos

Millones de personas resultan afectadas periódicamente por inundaciones, sequías, ciclones tropicales, terremotos, incendios forestales, emergencia sanitaria y otros peligros, situaciones que alcanzan y afectan a nuestro país y a la región, como quedó demostrado con la reciente pandemia de incidencia a nivel global y persistencia de varios años, lo que pone de manifiesto la necesidad de contar con planes y proyectos plurianuales que permitan la toma de decisiones y medidas para prevenir las emergencias, así como protocolos de acción por situaciones de desastres que permitan una respuesta adecuada y eficaz ante fenómenos que afectan a la población y su situación de vida. La comunidad internacional y los países en general han tratado la cuestión de las emergencias y desastres naturales en el marco del derecho humanitario sin adoptar marcos legislativos relacionados con la materia hasta mediados del siglo

[211] Tiene un enfoque reactivo, a partir de la Gestión de Emergencias con acciones y fondos complementarios para la mitigación de las consecuencias.

[212] Basado en la Gestión del Riesgo con un enfoque de prevención. Incorpora el concepto de Resiliencia, promoviendo el aprendizaje de desastres del pasado.

[213] Se enfoca en el análisis y la resolución de las causas raíz del riesgo. Establece las prioridades y la secuencia de las acciones: 1) Comprender el riesgo; 2) Fortalecer la gobernanza 3) Invertir en la reducción del Riesgo para la resiliencia; 4) Aumentar la preparación.

[214] Basado en el Marco de Sendai, crea un sistema de gestión integral, basado en la prevención del riesgo y la articulación organizada y controlada de los diferentes niveles de Gobiernos y actores sociales involucrados.

pasado, especialmente a través de tratados multilaterales, destacándose en el presente la adopción del Marco de Acción de Hyogo para 2005-2015 que ha cambiado la perspectiva del enfoque legal ante los desastres naturales con la inclusión de un enfoque integrado que permite la introducción del manejo de desastres y la mitigación, perspectivas y acciones que fueron continuadas por el Marco de Sendai de 2015 para la Reducción del Riesgo de Desastres 2015-2030 adoptada en la Tercera Conferencia Mundial de las Naciones Unidas.

Por otra parte, es conveniente que cada organización cuente con una matriz de gestión de los riesgos que contenga:

1. El riesgo previsto
2. La probabilidad de ocurrencia
3. El impacto de ocurrencia
4. El escore de riesgo
5. El riesgo tolerable, si aplica
6. Las acciones preventivas
7. Los planes de contingencia
8. Los responsables
9. Método de verificación de la eficacia
10. La periodicidad de evaluación
11. El registro de los incidentes

A modo de ejemplo ponemos una tabla de calificación del riesgo[215] teniendo en cuenta la probabilidad de ocurrencia y las consecuencias.

[215] Norma ISO 31000:2018. Gestión de riesgos. Directrices.

Código de colores.

PROBABILIDAD		CONSECUENCIAS				
		Insignificante	Baja	Grave	Muy grave	Extrema
		1	2	3	4	5
Raro	1	2	3	4	5	6
Improbable	2	3	4	5	6	7
Posible	3	4	5	6	7	
Probable	4	5	6	7		
Casi cierto	5	6	7			10

Tabla 2: Codificación con colores de los diferentes niveles de riesgo.

La respuesta de la organización debe ser acorde a la gravedad del evento (ver tabla 3).

Puntos	Nivel de riesgo	Acciones
2 al 3	Riesgo Bajo	Desarrollar procedimientos rutinarios a cargo del responsable de proceso
4 a 5	Riesgo Moderado	Especificar responsabilidades para la gestión con involucro de mandos medios
6 al 7	Riesgo Alto	Requiere atención por los mandos medios altos con control de la dirección
8 al 9	**Riesgo Muy alto**	**Requiere atención inmediata por los mandos medios altos con control de la dirección**
10	Riesgo extremo	Requiere atención inmediata con involucro directo de la Alta Dirección

Tabla 3: Acciones y responsabilidades en función del nivel de riesgo

En el caso de seguridad y salud ocupacional, se suele utilizar un mapa de riesgos que describa:

1. La actividad
2. Maquinaria o equipos utilizados
3. Riesgos asociados
4. Medidas preventivas
a. Elementos de protección personal
b. Aseguramiento de las competencias
c. Otras medidas preventivas
5. Planes de contingencia
6. El registro de incidentes

Seguridad de la información

En cuanto a la seguridad informática, es clave asegurar un nivel de protección acorde a la complejidad de la organización.

No solo se debe prevenir la contaminación de los programas con virus y *malwares*, sino, sobre todo en el Estado y grandes empresas, el ciberataque.

A nivel mundial, países como Corea del Norte, Rusia, China, Irán, Tailandia, Myanmar, EE.UU. y algunos de Europa cuentan con equipos y personas especializados en la guerra cibernética.[216]

La guerra cibernética o *cyberwarfare* se relaciona con los ataques en el ciberespacio de *hackers*, grupos terroristas o Estados contra el sistema informático de un Estado o de individuos u organizaciones claves.[217]

Los métodos utilizados por los hackers hacen difícil su detección y contrataque.

[216] China, Myanmar y Tailandia se esfuerzan por erradicar redes de fraude en telecomunicaciones. XINHUA Español. 06/07/2025.

[217] Metacompiance. Cyber Warfare: Qué es la guerra cibernética. https://www.metacompliance.com/es/cyber-security-terminology/cyber-warfare

El ataque puede ir dirigido hacia los mercados financieros, las redes sociales con la intención de influir en las decisiones de las personas, la infraestructura estratégica como redes eléctricas, centrales nucleares, transportes aéreo, terrestre o fluvial o bases de datos militares o de organismos gubernamentales o de empresas estratégicas.

Las modalidades de *cyberwarfare* son:

- Ataque DDoS[218]
- *Malware* (virus, troyanos, gusanos, *ransomware*, *cryptojacking*, *spyware*, *adware*, *botnet*, *keyloggers*, *rootkits*)[219]
- Aprovechamiento de los *sofware* sin parches[220]

Los ataques DDoS tiene diferentes objetivos

- **Competencia empresarial**. Cuando una empresa utiliza el DDoS para lograr una ventaja competitiva respecto a otra.
- **Extorsión**. Busca la extorsión de las empresas a cambio de dinero.
- **Entretenimiento**. Los hackers solo desean entretenerse causando estragos o experimentando con la ciberdelincuencia.
- **Guerra cibernética**. Se pretende perjudicar la infraestructura crítica de un estado enemigo.
- **Hacktivismo**. El ataque DDoS se realiza contra empresas o sitios web con los que se tienen desacuerdos políticos, filosóficos o ideológicos.

Es indispensable que tanto nuestras fuerzas armadas como las de seguridad cuenten con la infraestructura y el personal competente para prevenir este tipo de acciones.

[218] AKAMAI. Que es un ataque DDoS https://www.akamai.com/es/glossary/what-is-ddos

[219] El *malware* es un programa malicioso que se instala en dispositivos para dañarlos o alterar su funcionamiento. Los ciberdelincuentes lo utilizan para obtener información personal, dinero o para bloquear equipos.

[220] El *software* sin parches contiene vulnerabilidades de seguridad conocidas y no ha sido actualizado con los parches correspondientes. Los parches son fragmentos de código que corrigen los errores del *software* y minimizan las vulnerabilidades.

Entre las medidas para prevenir los riesgos, pueden incluirse:

- Emplear un *firewall*
- Actualizar el *software*
- Contar con un *software* antivirus actualizado
- Utilizar contraseñas seguras
- No abrir adjuntos sospechosos ni hacer clic en vínculos inusuales
- Comprobar las aplicaciones autorizadas
- Asegurarse de que las URL empiecen con "https" en lugar de "http"[221]
- Verificar que los sitios web legítimos de comercio electrónico solo utilizan portales de tarjetas de crédito o débito, o PayPal o Mercado Pago o equivalente.

Por otra parte, debe hacerse hincapié en la aplicación bajo condiciones controladas y validadas de las normas ISO 37000 Prevención de los sobornos ISO 37301/2021 Cumplimiento (*Compliance*) e ISO 55000/2014-55001/2024-55002/2018 Sistema de la Gestión de Activos en todas las dependencias y organismos de los tres Poderes tanto a nivel nacional, provincial como municipal.

Un SGIeI se enfoca en la prevención de riesgos y, por ende, impacta en la posibilidad de la organización de tener problemas legales que en el ámbito estatal y privado suelen impactar en el adecuado uso del presupuesto y la rentabilidad.[222]

Estas normas son de suma utilidad y no solo disminuyen los riesgos, sino que mejoran la eficacia, la eficiencia, la calidad y además bajan costos operativos.

[221] La HTTPS es una versión segura de HTTP utiliza un certificado SSL (Secure Sockets Layer) para encriptar los datos, mientras que HTTP transmite los datos en texto plano.

[222] Ejemplos evidentes con los juicios que enfrenta el país por la inoperancia de los funcionarios (nacionalización de YPF, desmanejo del INDEC) o el alto impacto en las pymes de los juicios laborales.

Es fundamental trabajar dentro de la organización en el desarrollo de una cultura de la seguridad y hacer evidente los resultados alcanzados en la prevención de riesgos.

Medidas aplicables

* Incluir dentro del plan estratégico de la organización la gestión de los riesgos en todos sus aspectos.
* Constituir equipos multidisciplinarios dedicados a estos temas.
* Incluir en el programa de actualización de competencias la prevención de riesgos inherentes (incluidos los legales), cuando sea aplicable·
* Difundir, cuando sea aplicable, entre los miembros de la cadena de valor los conceptos relacionados.
* Establecer requisitos documentados para la prevención de riesgos y la gestión sistematizada de las acciones preventivas.
* Fomentar entre el personal la propuesta de acciones preventivas y la ***cultura de la seguridad.***
* Realizar el seguimiento y, cuando sea aplicable, la medición de la eficacia de las acciones preventivas.
* Realizar un seguimiento sistemático de incidentes y accidentes.
* Desarrollar planes de contingencia.
* Solicitar a los asesores legales que trabajen sistemáticamente en la prevención de riesgos legales ante casos potencialmente conflictivos.

Resultados esperables

* La reducción de situaciones no deseadas o desventajosas para la organización.
* La baja de los costos operativos.
* La merma de los conflictos interpersonales, interorganizacionales y legales.

* El aumento del nivel de certidumbre respecto a los resultados.
* La mejora del clima organizacional y de confianza.
* La mejora de la seguridad de los ciudadanos-clientes-usuarios.
* La reducción de los incidentes y accidentes.
* La mejora de los resultados económico-financieros.
* La sistematización de la respuesta ante situaciones no deseadas gracias a los planes de contingencia y el adecuado entrenamiento del personal.
* El evitar las improvisaciones ante situaciones no previstas.
* El fortalecimiento de la confianza respecto a la capacidad de la organización para prevenir riesgos y aplicar los planes de contingencia.

PREVENCIÓN DEL IMPACTO AMBIENTAL

¿Por qué, si somos parte de la naturaleza, no actuamos en consecuencia?

Negar nuestra interconexión nos perjudica a todos, tanto a nivel individual como colectivo (Lancaster, 2020).

Tal como dice Zenke Hausfather (2017):

> *Los modelos (de evaluación climáticos) están lejos de ser perfectos y seguirán mejorándose con el tiempo. También muestran un rango bastante amplio de calentamiento futuro que no se puede reducir fácilmente utilizando solo los cambios en el clima que hemos observado. No obstante, la estrecha coincidencia entre el calentamiento proyectado y el observado desde 1970 sugiere que las estimaciones del calentamiento futuro pueden resultar igualmente precisas.*

El 4 de julio de 2023, por segunda vez consecutiva, se superó la temperatura media global de 17 °C· En los cinco continentes hay ejemplos de lugares inhabitables debido a sus altas temperaturas.[223]

Las altas temperaturas pueden provocar deshidratación, agotamiento por calor, insolación, complicaciones cardiovasculares y muerte. Las poblaciones más vulnerables, las personas con enfermedades crónicas, los ancianos y los niños son los más afectados por el calor extremo.

A partir de allí se han sucedido una serie de catástrofes climáticas sin precedentes y el aumento de la temperatura global se supera año a año· Es cierto que no todo puede adjudicarse al accionar humano, pero también es indiscutible que este tiene un alto impacto.

Mientras haya necios como Donald Trump[224] que niegan el calentamiento global, líderes mundiales que nada hacen por disminuir la emisión de CO_2 o metano en pos del crecimiento económico de sus países[225] [226] y millones de personas que no toman conciencia, por falta de educación, del impacto de sus comportamientos en el planeta (incendio de cubiertas en manifestaciones, generación de desperdicios contaminantes (plásticos, pilas, baterías, etc.) la progresión del cambio climático global es irremediable.

La presencia de micro plásticos en el medio y de sus efectos en la salud de los animales y las personas está en estudio. La OPS-OMS ha instado a profundizar a la brevedad las investigaciones y a reducir la contaminación por plásticos para proteger el medioambiente debido a la gravedad de las posibles consecuencias.[227]

[223] Sara Romero. *Muy Interesante*. Los 10 lugares más calurosos del planeta. https://www.muyinteresante.com/naturaleza/10045.html

[224] Trump sobre el informe del cambio climático: “No me lo creo”. El País. 27/11/2018.

[225] Medio ambiente: Xi Jinping sólo enviará una declaración escrita a la cumbre de la OP26 sobre cambio climático. https://www.bbc.com/mundo/noticias-internacional-59120726. BBC News Mundo. 1/11/2021.

[226] Veinticuatro países acordaron para la reducción de emisiones de gas metano. Run Run Energético.13-10-2021. China, Rusia e India no se suman.

[227] La OMS pide investigar los efectos en la salud de los microplásticos. Soziable.es. 6-7/2023.

Las actividades humanas tienen un alto impacto ambiental y viceversa.[228] El impacto de las radiaciones no ionizantes sobre la salud humana es motivo de preocupación y controversia (Federación de Radioprotección de América Latina y el Caribe, 2018).

Uno de los órganos donde se depositan los nano plásticos es el cerebro, además del hígado y los riñones. Las consecuencias de esto son aún inestimables.[229] Accidentes como los de Chernóbil o Fukushima tienen efectos que perdurarán durante décadas en la fauna, la flora y las personas aún no conmensurados.[230] [231] [232] [233]

El ascenso de las aguas por el derretimiento de los hielos[234] polares y de los glaciares[235] afecta no solo a los SIDS (pequeños Estados insulares en desarrollo) con riesgo de desaparecer como Kiribati, las Maldivas, Vanuatu, Tuvalu o las Islas Salomón, sino también ciudades costeras como Miami o la mismísima Buenos Aires. Localidades costeras de la provincia de Buenos Aires, como Berisso, si el aumento del nivel del mar fuera de 5 a 6 metros, desaparecerían.[236] Se estima que el nivel

[228] Los microplásticos en el entorno acuático: Un vistazo a la cinética, mecanismo de degradación, impacto ambiental y en la salud humana. Víctor Cuadra, Ritzela Lezcano, Carmelo Bayard, José Villarreal, José Robinson-Duggon Mario Luis Miranda-Montenegro. Vida natural. Vol. 1 N° 1.

[229] National Geographic. Un estudio descubre niveles alarmantes de micro plásticos en el cerebro. https://www.nationalgeographic.es/ciencia/2025/02/niveles-alarmantes-microplasticos-cerebro

[230] Sergi Alcalde. El accidente de Chernobil. Las causas del desastre nuclear de Ucrania. National Geographic. España. 15 de diciembre de 2022.

[231] Accidente nuclear de Fukushima Daiichi. IAEA. Organismo Internacional de Energía Atómica. https://www.iaea.org/es/temas/accidente-nuclear-de-fukushima-daiichi

[232] Países en riesgo de desaparición por el cambio climático. https://www.sostenibilidad.com/cambio-climatico/paises-riesgo-desaparicion-cambio-climatico/?_adin=02021864894. 2021.

[233] El aumento del nivel del mar: Causas y consecuencias. https://www.sostenibilidad.com/cambio-climatico/el-aumento-del-nivel-del-mar-causas-y-consecuencias/?_adin=02021864894 .2021.

[234] Manos Unidas. Calentamiento Global. Deshielo de los polos. https://www.manosunidas.org/observatorio/cambio-climatico/deshielo-polos

[235] Greenpeace. 2025. El último año para lograr salvar los glaciares del mundo? https://www.greenpeace.org/colombia/blog/issues/climayenergia/2025-el-ultimo-ano-para-lograr-salvar-los-glaciares-del-mundo/?

[236] Darío Silva D'Andrea. ¿Buenos Aires bajo el agua? Científicos mostraron los letales efectos del aumento del nivel del mar en 2050. 6/7/2023.

del mar subirá entre 43 y 84 cm para el 2100 si la temperatura global asciende entre 2 y 3 **°C**.

Si consideramos que la atmósfera retiene un 46 % del CO_2 emitido, un escenario de emisión intermedio como el 1S92a estima una duplicación del CO_2 atmosférico hacia el año 2050.[237]

A medida que aumenta la temperatura, tienden a disminuir las precipitaciones. En el hemisferio sur, el fenómeno de El Niño provoca un aumento de la temperatura de los océanos y el de La Niña un enfriamiento. Durante el fenómeno de La Niña se producen sequías que afectan la producción agropecuaria. Este fenómeno está provocando sequías más frecuentes e intensas en Argentina y Uruguay.[238] Esta falta de agua potable afecta profundamente la salud de los animales y las personas.[239]

A nivel normativo voluntario la ISO 14001 de Sistemas de gestión ambiental –Requisitos con orientación para su uso y la ISO 50001 de Gestión de la energía son guías muy útiles para la toma de decisiones de los Gobiernos y las empresas.

La Argentina cuenta con una amplia legislación al respecto, pero el Poder Ejecutivo falla en la fiscalización y control de su cumplimiento tanto por organismos públicos como privados y el Poder Legislativo en la actualización pertinente.

Repasemos ahora el marco regulatorio vigente.

Presupuestos mínimos ambientales

- Ley 25.612. Gestión Integral de Residuos Industriales y de Actividades de Servicio.
- Ley 25.675/02. Ley General del Ambiente.

[237] Escenario de Cambio Climático para la Argentina. Ciencia Hoy. Vol. 8 N| 44. 28/2/1998.

[238] Valeria Román. Qué es el fenómeno de La Niña y cómo podría impactar en América Latina. Infobae. 23/01/25.

[239] ¿Qué falló en Uruguay para quedarse sin agua potable teniendo el río más ancho del mundo? Nelson Fernández. La Nación. 5/7/2023.

- Ley 25.688/02. Régimen de Gestión Ambiental de Aguas.
- Ley 25.916/04. Gestión de Residuos Domiciliarios
- Ley 26.331/07. Presupuestos Mínimos de Protección Ambiental de los Bosques Nativos.
- Ley 27.279/16. Presupuestos Mínimos de Protección Ambiental para la Gestión de los Envases Vacíos de Fitosanitarios.

Impacto ambiental

- Ley 25.675/02. Ley General del Ambiente. Fija como uno de los instrumentos de la política y la gestión ambiental la Evaluación de Impacto Ambiental. Arts. 8,11,12,13,21, Anexo I.
- Resolución SAyDS 177/07 (modif. por Res. 303/07). Actividades que deben contratar el seguro ambiental, montos mínimos asegurables, autoseguro.

Emisiones a la atmósfera (niveles guía, efluentes, vibraciones, ruidos, olores)

- Ley 20.284/73. Disposiciones para la Preservación de los Recursos del Aire.

Agua (recursos hídricos, efluentes, niveles guía)

- Ley 13.577/49. Ley orgánica para la Administración General de Obras Sanitarias de la Nación. Decreto 674/89 reglamenta el régimen al que se ajustarán los establecimientos que produzcan vertidos industriales a conductos cloacales, pluviales o a un curso de agua.
- Resolución SRNyAH 315/94. Estándar de calidad para los vertidos líquidos a cuerpos de agua.
- Ley 25.688/03. Régimen de Gestión Ambiental de Aguas.

- Ley 26.221/07. Prestación del servicio de provisión de agua potable y colección de desagües cloacales. Control de la contaminación hídrica.
- Ley 26.168/06. Crea la Autoridad de Cuenca Matanza Riachuelo como ente de derecho público interjurisdiccional en el ámbito de la Secretaría de Ambiente y Desarrollo Sustentable.

Suelo

- Ley 22.428/81. Fomento de la conservación de los suelos.

Áreas protegidas

- Ley 22.351/80. Ley de parques, reservas nacionales y monumentos naturales.

Residuos (domiciliarios, peligrosos, patogénicos)

- Ley 24.051/91. Ley marco de Residuos Peligrosos. Decreto reglamentario 831/93.
- Ley 25.018/98. Régimen de Gestión de Residuos Radiactivos.
- Ley 25.612/02. Gestión integral de residuos industriales y de actividades de servicios.
- Ley 25.916/04. Presupuestos mínimos de protección ambiental para la gestión integral de residuos domiciliarios.
- Ley 27.279/16. Gestión de Envases Vacíos de Fitosanitarios. Gestión diferenciada por la toxicidad del producto que contuvieron.

Sustancias químicas

- Ley 26.045. Personas físicas y jurídicas que operen con sustancias químicas y productos controlados, deben contar con la previa inscripción por ante el Registro Nacional de Precursores Químicos.

Biotecnología

- Ley 26.270/07. Desarrollo y Producción de la Biotecnología Moderna. Reglamentada por Decreto 289/21.

Información ambiental y participación pública

- Ley 27.566 Aprueba el Acuerdo Regional sobre el acceso a la información, la participación pública y el acceso a la justicia en asuntos ambientales en América Latina y el Caribe (conocido como "Acuerdo de Escazú").

Códigos de Fondo: Disposiciones vinculadas a la temática ambiental que se aplican en todo el país. El Código Civil trata entre otros aspectos los límites al uso del suelo, de las aguas superficiales y subterráneas, y las molestias entre vecinos. El Código Penal se refiere, entre otros, a los delitos de contaminación de aguas y sustancias alimenticias.

A estas hay que agregar las normativas provinciales y municipales aplicables.

El Premio Nacional a la Calidad en el sector público contempla este tema en su referencial.

La producción de documentos en formato papel y el uso de tintas hasta el descarte de medicamentos y otros productos vencidos, la utilización de radiaciones ionizantes, la producción de residuos normales, químicos, radiactivos o patológicos, desechos plásticos entre otros generan un impacto ambiental que hoy por hoy es inconmensurable.

Como dice el Ing. agrónomo Signorelli (2023):

> *Para el ser humano dos o tres años de sequía es una eternidad, aunque para la naturaleza es poco porque hay variaciones climáticas que pueden ser anuales, o bianuales, de 20 o 50 años y otras que pueden darse después de 10.000 años.*

La producción de alimentos es crucial para la humanidad y Argentina tiene la potencialidad de aumentar su producción significativamente, pero teniendo en cuenta el impacto ambiental.

El uso de insecticidas, por ejemplo, aumenta el riesgo de incrementar el nivel de arsénico en las napas subterráneas. Alrededor de 4 millones de argentinos, de las provincias de Buenos Aires, Córdoba, Chaco, Mendoza, San Juan, San Luis, Santiago del Estero y Santa Fe viven expuestas a esta situación sin que se tomen medidas acordes (Instituto de Efectividad Clínica y Sanitaria, 2016).

La toma de conciencia sobre la importancia de dicho impacto es una obligación para los responsables de las organizaciones públicas y privadas.

Es potestad y obligación del Estado (con sus tres Poderes) normalizar, fiscalizar, controlar, fomentar y facilitar el cumplimiento de los requisitos ambientales por parte de todas las organizaciones.

Es menester fijar políticas de Estado a largo plazo considerando las características particulares de cada región y la proyección de la evolución climática en ellas.

Los políticos tienen la mira en el corto plazo pensando en su carrera personal; los estadistas planifican a cincuenta y cien años pensando en las generaciones futuras.

Es preocupante que, salvo durante el Gobierno de Mauricio Macri donde se tuvo parcialmente en cuenta el asunto climático, se haya tratado livianamente la cuestión ambiental colocando al frente del Ministerio a incompetentes (Homero Bibiloni y Juan José Mussi, durante los Gobiernos de Cristina, y Juan Cabandié en el de Alberto Fernández) o directamente minimizando el tema (Gobierno de Javier Milei).

Si no cuidamos nuestro entorno, no tendremos futuro.

Medidas aplicables

* Fijar políticas de Estado que promuevan la aplicación sistemática y efectiva de medidas de prevención de riesgos ambientales tanto en el sector público como privado.
* Elaborar requisitos reglamentarios y legales claros, precisos y aplicables.
* Facilitar el acceso a la normativa aplicable por parte de los interesados.
* Incluir en el plan estratégico los aspectos ambientales.
* Establecer en las organizaciones requisitos claros y precisos que permitan el control de gestión del impacto ambiental de los procesos.
* Establecer un equipo multidisciplinario que realice el seguimiento y, cuando sea aplicable, la medición del impacto ambiental.
* Incluir, cuando sea pertinente, en los programas de educación continua y permanente este tema con el fin de crear "conciencia ambiental".
* Establecer una política de reconocimiento respecto al compromiso ambiental de las personas y las organizaciones (por ejemplo, promover la certificación de las normas de compromiso social empresario, premiando a estudiantes, docentes, miembros de la comunidad que desarrollen trabajos de campo sobre el tema).
* Difundir entre los miembros de la cadena de valor y otras partes interesadas la política ambiental de la organización.
* Promover y participar en programas de concientización ambiental.
* Desarrollar planes de contingencia tanto para cuando el ambiente afecta a la organización como cuando esta afecta al ambiente, y ante desastres naturales.
* Promover el reciclado de materiales, la limpieza de cauces fluviales, playas, banquinas.
* Promover la reforestación con especies nativas (por ejemplo, en el Impenetrable, Chaco).
* Proteger los humedales.

* Crear más áreas protegidas.
* Promover políticas activas de prevención de incendios.
* Establecer sanciones ejemplares antes incumplimientos de las normas de protección ambiental.
* Establecer premios o reconocimientos ante medidas ejemplares de protección ambiental.
* Realizar campañas de información masiva sobre el tema.
* Promover mediante el ejemplo y la práctica, por parte de los líderes de las organizaciones públicas y privadas, la conciencia ambiental.
* Desarrollar un programa de áreas protegidas.
* Contar con un sistemático seguimiento por parte de universidades y ONG de las especies en peligro.

Resultados posibles

* Contar con un marco regulatoria claro, preciso y aplicable.
* La toma de conciencia y el nivel de conocimiento e involucro del personal, usuarios, proveedores y otras partes interesadas en los aspectos ambientales relacionados con las tareas efectuadas por la organización pública o privada.
* La reducción significativa del impacto ambiental negativo.
* La aplicación adecuada de los planes de contingencia ambientales evitando las decisiones improvisadas.
* Contar con personal concientizado en la importancia de la seguridad y entrenado en la aplicación de las medidas preventivas y la aplicación de los planes de contingencia.
* Lograr una respuesta positiva por parte de los organismos públicos, las empresas y las personas ante el reconocimiento y la premiación de las acciones ejemplares.
* Que se incorpore naturalmente en los niños y jóvenes el concepto de cuidado ambiental mediante la incorporación de este tema en el currículo de todos los niveles educativos.

GESTIÓN INTEGRADA E INTEGRABLE DE LA INFORMACIÓN

La gestión de los datos y la información son la base para el desarrollo del conocimiento y una adecuada gestión de las organizaciones.

Una organización es inteligente cuando previene los problemas y, en caso de que estos aparezcan, aprende de ellos.

La diferencia entre las personas, organizaciones y países ricos y pobres no está en sus posesiones, sino en cómo gestionan la información y desarrollan el conocimiento·

En el momento actual no tiene sentido movilizar personas para llevar información, sino que hay que movilizar la información y que las personas dediquen su tiempo a otras tareas.

En el año 2005, el entonces secretario de la función **pública, el Lic. Luis Norberto Ivancich**[240] [241] [242] me convocó para la supervisión de un

[240] Biblioteca nacional del maestro. http://www.bnm.me.gov.ar/novedades/boletin_ electronicoBNM/boletin _18/despedidas/ivancich.htm 27/06/2005.

[241] Mario Wainfeld. Murió Norberto "Croqueta" Ivancich. Página 12. 28/6/2005.

[242] Noberto Ivanchic era sociólogo y sumamente inteligente, al extremo que me convocó por mis competencias a pesar de que tenía claro, por nuestras conversaciones, de que mi pensamiento político, en muchos aspectos, estaba en las antípodas del suyo. Este respeto mutuo hizo que tuviéramos una excelente relación al punto que ambos nos enriquecíamos de las conversaciones compartidas. Escuchaba con espíritu sanamente crítico mis propuestas de mejora y éramos ambos conscientes del compromiso que compartíamos por anteponer los intereses de la Nación a los de la facción. Incluso recuerdo que solía decirle que debía cuidarse y bajar de peso y el ritmo de trabajo. Cabe ahora mencionar una anécdota que lo pinta de cuerpo entero y que a mí me generó un gran aprendizaje. Después de estar yo varios meses colaborando con el proyecto; el secretario de Salud de la CABA anunció un concurso para el cargo de directores de los Hospitales de la Ciudad, por cinco años y cuyo requisito era elaborar un plan estratégico para el hospital al que uno pertenecía. Era mi anhelo ocupar esa función y de esa forma y no nombrado a dedo por el secretario político de turno. Le comenté que debía renunciar y volver a mi puesto de jefe de la División de Radiodiagnóstico del Hospital Elizalde. Me recomendó que siguiera trabajando pues estaba muy conforme con mi desempeño, que me presentara a concurso y si lo ganaba fuera a mi hospital ya que no era seguro que se llevara a cabo. Le dije que deseaba regresar porque consideraba ético hacerlo para poder explicar a mis compañeros el alcance de mi proyecto. Con toda la franqueza que lo caracterizaba me dijo: "*Lo que pensás hacer es muy ético pero muy pelotudo*, qué *seguridad tenés de que el concurso se hará*". Le contesté convencido: Porque han convocado por decreto. Entonces me dio cátedra demostrándome su experiencia y dándome evidencia de lo inconsistente de nuestro marco jurídico. Me

proyecto financiado por el Banco Mundial con cuatro componentes: 1) Planificación estratégica 2) Carta compromiso con el ciudadano 3) Mejora de procedimientos administrativos de mesa de entrada y 4) Guía de trámites.

Una guía de trámites es una publicación que describe los trámites que se pueden realizar y el marco regulatorio.

Sus características:

- Incluye información sobre el documento y su utilidad.
- Explica los objetivos que se persiguen al facilitar la gestión de dicho documento.
    - Agilizar el trámite.
    - Reducir tiempos y costos.
    - Simplificar el trámite.
    - Mejorar la eficacia y la eficiencia.
    - Evitar el traslado de las personas.
    - Evitar las demoras habituales en la atención presencial.
- Es elaborada por organismos o dependencias gubernamentales.
- Toda la gestión se realiza en línea.
- Está disponible en la página web de la entidad.

Conceptos relacionados:

Gestión de los trámites: es el proceso que tiene por actividades el acceso, el inicio, la vinculación, la distribución, la descripción, la

---

contestó: *"También hubo una ley de intangibilidad de los depósitos y mirá cómo cagaron a la gente con el corralito"*. Su argumento era contundente. A pesar de ello, respetó mi deseo de regresar al hospital, dejándome las puertas abiertas para el regreso. Como dijo él, por presión de la Asociación de Médicos Municipales dado que solo una docena de profesionales estábamos en condición de presentar un plan estratégico, el concurso no se llevó a cabo. El 24/6/2005 llamé a la secretaria privada y solicité una entrevista para planificar mi regreso. Me signaron fecha para el 27 de junio. El domingo 26, el inestimable Norberto falleció de un infarto masivo y con ello se truncó la posibilidad de continuar una fructífera relación.

disponibilidad, la recuperación, el archivo con la posibilidad de acceso al expediente por parte del ciudadano.

- Cadena de trámites: es la interrelación secuencial entre dos o más trámites que se realizan para cumplir con los requisitos establecidos.
- Racionalización de trámites: "Es la implementación de actividades relacionadas con la simplificación, estandarización, eliminación, optimización y automatización de trámites y procedimientos administrativos, que busca disminuir costos, tiempos, requisitos, pasos, procedimientos y procesos, mejorar canales de atención, facilitando a los ciudadanos, usuarios y grupos de interés el acceso a sus derechos, el ejercicio de actividades y el cumplimento de sus obligaciones".[243]

Uno de los distritos que tiene mayormente desarrollado este concepto es la Ciudad Autónoma de Buenos Aires.

Su uso está extendido a los largo y ancho del país, en organismos nacionales, provinciales y, además, en las universidades.

Sin embargo, hay numerosas organizaciones públicas y privadas sin fines de lucro que siguen fastidiando al usuario con trámites presenciales· Existen aún hoy obras sociales y seguros de salud en la Argentina (por ejemplo, el INSSSEP del Chaco) que exigen que las órdenes de consulta se deben autorizar en CABA personalmente en la sede de la organización. Esto implica pérdida de tiempo y costos para el afiliado. Es realmente ridículo y de una falta de empatía mayúscula.

Hay que establecer sistemas informáticos que permitan una gestión de la información precisa, rápida y segura al servicio de los procesos de la organización.

Las normas de seguridad informática son estándares internacionales que establecen requisitos para proteger la información de una organización. Hay normas legales de aplicación obligatoria y otras, como las ISO de la serie 27000 que son de aplicación voluntaria.

[243] SUIT 3. Dirección de Participación, Transparencia y Servicio al Ciudadano. Secretaría de la Función Pública e Colombia. https://www1. funcionpublica.gov. co/documents/28586175/28586234/GU%C3%8DA+SUIT+-+Conceptos+B%C3%A1sicos.pdf

A saber:

REQUISITOS LEGALES	ALCANCE
Constitución nacional. Art. 13	Establece la libertad de pensamiento y expresión, que incluye la libertad de buscar, recibir y difundir información.
Constitución nacional. Artículo 75 inciso 22	Garantiza el derecho a la información pública y da jerarquía constitucional a los tratados internacionales que afirman este derecho.
Ley 23.554	Defensa Nacional.
Ley 24.059	Seguridad Interior.
Ley 25.506	Firma Digital.
Ley 25.326	Protección de Datos Personales.
Ley 26.388	Delitos Informáticos.
Ley 26.904	*Grooming.*
Ley 27.411	Convenio sobre Ciberdelito del Consejo de Europa. Convención de Budapest.
Ley 27.436	Modificación art. 128 Código Penal.
Ley 27.590	Creación del Programa Nacional de Prevención y Concientización del *Grooming* o Ciberacoso contra Niñas, Niños y Adolescentes.
Ley 27.699	Protección de las Personas con respecto al Tratamiento Automatizado de Datos de Carácter Personal.

REQUISITOS LEGALES	ALCANCE
Decreto 1558/2001	Reglamentario de la Ley de Protección de Datos Personales.
Decreto 2628/2002	Reglamentario de la Ley de Firma Digital.
Decreto 577/2017	Se crea el Comité de Ciberseguridad.
Decreto 50/2019	Determina la responsabilidad primaria en materia de ciberseguridad y protección de infraestructuras críticas de información y comunicaciones.
Decreto 480/2019	Modifica la composición del Comité de Ciberseguridad.
DA 641/2021	Aprueba los Requisitos Mínimos de Seguridad de la información para organismos del Sector Públicos Nacional comprendidos en el inciso a) del artículo 8 de la Ley 24.156. En el Anexo 1 de dicha decisión administrativa se establecen propiamente los requerimientos de seguridad de la información.
DA 893/2022	Asigna funciones a la Dirección Nacional de Ciberseguridad de la Secretaría de Innovación Pública, dependencia de la Jefatura de Gabinete de Ministros.
Resolución 829/2019	De la ex Secretaría de Gobierno de Modernización: Infraestructuras Críticas e Infraestructuras Críticas de Información (ICI).
Resolución 44/2023	De la Secretaría de Innovación Pública: Aprueba la Segunda Estrategia Nacional de Ciberseguridad.

REQUISITOS LEGALES	ALCANCE
Resolución 15/2024	De la Secretaría de Innovación Ciencia y Tecnología: Aprueba Lineamientos para el uso seguro de herramientas digitales.
Resolución 19/2025	Ministerio de Seguridad, Creación del Programa de Fortalecimiento en Ciberseguridad e Investigación del Ciberdelito (ForCIC).
Disposición 01/2021	De la Dirección Nacional de Ciberseguridad: se creó el Centro Nacional de Respuesta a Incidentes Informáticos (CERT. Ar).
Disposición 07/2021	De la Dirección Nacional de Ciberseguridad: se ordena la creación de registro de Puntos Focales de Ciberseguridad del Sector Público Nacional.
Disposición 08/2021	De la Dirección Nacional de Ciberseguridad: aprobó la "Guía introductoria a la Seguridad para el Desarrollo de Aplicaciones WEB".
Disposición 01/2022	De la Dirección Nacional de Ciberseguridad: Aprueba un Modelo Referencial de Política de Seguridad de la Información.
Disposición 03/2023	De Jefatura de Gabinete de Ministros: Subsecretaría de Tecnologías de la Información. "Guía de Notificación y Gestión de Incidentes de Ciberseguridad".

NORMA ISO/IEC[244]	ALCANCE
27000/2018/	Tecnologías de la información – Técnicas de seguridad – Sistemas de gestión de la seguridad de la información – Descripción general y vocabulario.
27001/2022	Seguridad de la información, ciberseguridad y protección de la privacidad – Sistemas de gestión de la seguridad de la información – Requisitos.
27002/2022	Seguridad de la información, ciberseguridad y protección de la privacidad – Controles de seguridad de la información.
27003/2017	Tecnologías de la información – Técnicas de seguridad – Sistemas de gestión de la seguridad de la información – Orientación.
27004/2016	Tecnologías de la información – Técnicas de seguridad – Gestión de la seguridad de la información – Monitoreo, medición, análisis y evaluación.
27005/2022	Seguridad de la información, ciberseguridad y protección de la privacidad: orientación sobre la gestión de los riesgos de seguridad de la información.
27006-1/2024	Seguridad de la información, ciberseguridad y protección de la privacidad: requisitos para los organismos que realizan auditorías y certificaciones de sistemas de gestión de la seguridad de la información.
27007/2020	Seguridad de la información, ciberseguridad y protección de la privacidad: directrices para la auditoría de sistemas de gestión de la seguridad de la información.
TS 27008/2019	Tecnologías de la información – Técnicas de seguridad – Directrices para la evaluación de los controles de seguridad de la información.

[244] El ISO JTC 1/SC 27 es el subcomité ISO a cargo de la actualización de las normas relacionadas con la seguridad informática.

NORMA ISO/IEC	ALCANCE
ISO /IEEE 9945:2009	Tecnología de la información: Especificaciones básicas de la interfaz de sistema operativo portátil (POSIX®), número 7.
27017/2015	Tecnologías de la información – Técnicas de seguridad – Código de prácticas para controles de seguridad de la información basado en ISO/IEC 27002 para servicios en la nube.
27018/2019	Tecnologías de la información – Técnicas de seguridad – Código de prácticas para la protección de información de identificación personal (PII) en nubes públicas que actúan como procesadores de PII.
Serie de normas ISO 25000	Relacionadas con la calidad del software.[245]
ISO 27400/2022	Ciberseguridad: seguridad y privacidad de la IoT: pautas.
ISO/IEC 27032:2023	Ciberseguridad: pautas para la seguridad en Internet.
TR 27550/2019	Tecnologías de la información – Técnicas de seguridad – Ingeniería de privacidad para procesos del ciclo de vida del sistema.
27555/2021	Seguridad de la información, ciberseguridad y protección de la privacidad: directrices sobre la eliminación de información de identificación personal.

Hay además otros sistemas de gestión de la información aplicables, a saber:

[245] Normas ISO/IEC 25000, 25001, 25010.25012.25020, 25021, 25022, 25023, 25024, 25030, 25040, 25041, 25042, 25045. Las 25050 a 25099 se reservan para normas e informes técnicos que aborden dominios de aplicación específicos o que puedan ser utilizados para complementar otras normas de la familia SQuaRE.

SISTEMA	Características
SOGP	El Information Security Forum's Standard of Good Practice" (SOGP) es más una "*best practice*" (buenas prácticas), basado en las experiencias del ISF.
O-ISM3	El modelo de madurez de gestión de seguridad de la información abierta tiene por objetivo garantizar que los procesos de seguridad funcionen a un nivel coherente con los requisitos de la organización. Es neutral en cuanto a la tecnología y se centra en la gestión de los procesos comunes de seguridad de la información complementa el modelo TOGAF para la arquitectura empresarial, define métricas operativas y sus variaciones permitidas.
COBIT 5[246]	Ayuda a las organizaciones a afrontar los desafíos empresariales en las áreas de cumplimiento normativo, gestión de riesgos y alineación de la estrategia de TI con los objetivos de la organización.
NIST Cybersecurity Framework	National Institute of Standards and Technology del Departamento de Comercio de los Estados Unidos promueve la innovación y la competencia industrial en Estados Unidos mediante avances en metrología, normas y tecnología de forma que mejoren la estabilidad económica en cuatro áreas: biotecnología, nanotecnología, ***tecnologías de la información*** y fabricación avanzada.
CSA Cloud Control Matrix[247]	La Matriz de controles de nube (CCM) de CSA es un marco de control de ciberseguridad para la computación en la nube.[248]

[246] Principios: satisfacer las necesidades de las partes interesadas, cubrir la empresa de principio a fin, aplicación de un único marco integrado, facilitar un enfoque holístico, separar la gobernanza de la gestión.

Facilitadores: marco regulatorio, cultura organizacional, misión, visión y valores (ética), política de gestión, procesos, estructura, información, productos, servicios, infraestructura y aplicaciones, competencia de las personas.

[247] Cloud Security Aliance. Matriz de controles en la nube. (CCM) Versión 4 https://cloudsecurityalliance.org/research/cloud-controls-matrix

[248] Incluye: controles CCM v4, mapeos, CAIQ v4, directrices de implementación, directrices de auditoría, métricas de CCM, CCM legible por máquina (JSON/YAML/OSCAL).

Como vemos el interés internacional sobre este tema es mayúsculo y la normativa abundante.

Debe haber una interacción inteligente entre el Gobierno, las empresas, el IRAM y otras organizaciones afines para facilitar la implementación de los requisitos de las normas de referencias en todas las organizaciones tanto públicas como privadas.

Como suelo decir en mis conferencias, algunos países del mundo van en un tren bala mientras los Gobiernos de los países latinoamericanos nos empeñamos en empujar una zorrita y los partidos opositores en poner durmientes atravesados en las vías para impedir su avance.

O salimos de nuestra adolescencia eterna o no tendremos futuro.

Suelo preguntar al auditorio si piensan que la República Argentina podría desaparecer. Por supuesto la respuesta obvia es **NO.** Entonces respondo que Augusto, Tiberio, Calígula, Claudio, Nerón, Galba, Otón, Vitelio, Vespasiano, Tito, Domiciano, Constantino, Trajano, Marco Aurelio y tantos otros emperadores pensaron lo mismo del Imperio romano. Y remate: las organizaciones que no se adaptan a los cambios DESAPARECEN.

Medidas aplicables

* Asegurar una conectividad y red informática adecuadas.
* Asegurar la disponibilidad de los recursos informáticos y de comunicación.
* Establecer requisitos explícitos para la gestión de la información documentada, desde su creación hasta su resguardo, bajo condiciones controladas.
* Establecer las autoridades y responsabilidades para la gestión documental, la gestión informática, la comunicación interna y externa.

El archivo de descarga también contiene el cuestionario de seguridad STAR Nivel 1 (CAIQ v4).

* Contemplar en los programas de actualización de competencias la formación en gestión documental, uso de herramientas informáticas incluida la relacionada con la inteligencia artificial.
* Fomentar la comunicación efectiva (positiva, práctica, fluida y constante).
* Contar con programas informáticos que faciliten la gestión y no que la condicionen.
* Contar con programas de mantenimiento preventivo y correctivo para el *hardware*, *software* y medios de comunicación.
* Contar con métodos de seguimiento y, cuando es aplicable, medición de estos procesos.
* Aplicar estos recursos a la adecuada gestión de las redes internas y externas.
* Desarrollar el uso de programas específicos para mejorar a la calidad, seguridad y rapidez en la gestión de los datos.[249]

Resultados posibles

* Gestión más ágil y segura de la información y, por ende, de los procesos.
* Contar con personal idóneo en el manejo de las herramientas informáticas y comunicacionales.
* Mejora de la comunicación interna y externa.
* Gestión de las redes eficiente.
* Acceso a la información simplificado y generalizado (acceso a bibliografía, minutas de reunión, manuales de uso y mantenimiento de equipos, normativa legal y reglamentaria, etc.).

[249] Ejemplo: historia clínica única informatizada para todas las organizaciones de salud tanto públicas como privadas a la cual se pueda acceder en cualquier institución a todos los datos del paciente, previa clave de seguridad del médico tratante, con el ingreso de su nombre, fecha de nacimiento y DNI.

* Desarrollo del conocimiento (desarrollo de ateneos, interconsultas, capacitación a distancia, telemedicina, trabajos interdisciplinarios, videoconferencias, jornadas, congresos, talles de mejora en línea, etc.).
* Contar con un adecuado resguardo de la información crítica.
* Facilitar el seguimiento y trazabilidad.
* Contar con la capacidad para el seguimiento y control de estos procesos.

GESTIÓN ECONÓMICO-FINANCIERA[250]

La calidad y la seguridad son incompatibles con la falta de recursos.

En las organizaciones públicas y muchas privadas suele darse que coinciden la falta de recursos y su desperdicio.

La mala gestión económico-financiera de las organizaciones públicas impacta directamente en sus resultados y, en consecuencia, en la calidad de vida de la población.

Por ejemplo: en las organizaciones de salud públicas se suele trabajar bajo presupuestos preestablecidos mediante asignaciones que no responden a un análisis de las necesidades ni a una proyección basadas en evidencia objetiva, estadísticas de consumos y riesgos de salud. De esta forma se pierde una oportunidad de asignar recursos de manera razonable y consistente.

Otro ejemplo son algunas fuerzas de seguridad que no realizan un adecuado mantenimiento preventivo y correctivo de sus móviles por falta de presupuesto y esto implica un impacto sumamente negativo en su capacidad operativa o no se le suministra chalecos antibalas al personal con el consiguiente riesgo de vida.

Los recursos son limitados; asignar recursos en un área o proyecto determinado implica que otro no tendrá esa oportunidad. El análisis de

[250] Para más información ver capítulo 12.

las alternativas y ventajas a mediano y largo plazo se hace imprescindible para asignar recursos de forma eficiente.

Los mandos medios no suelen tener idea del costo de las actividades que desarrollan y mucho menos la relación costo-beneficio de sus propuestas de cambios de equipos o infraestructura física o adquisición de determinados insumos específicos.

Suele haber una incomunicación significativa entre los responsables decisorios de los gastos institucionales y aquellos que los generan.

No se armonizan los criterios de producción, calidad, seguridad y costos cuando en la práctica estos están absolutamente interrelacionados.

No se suele analizar el costo por actividad ni mensurar económicamente el impacto de una acción de mejora.

La toma de decisiones a nivel gubernamental a veces se basa más en cuestiones políticas o ideológicas que, por ejemplo, las buenas prácticas sanitarias,[251] educativas,[252] de seguridad,[253] o justicia.[254]

El ISOTR 10014 tiene por objetivo ayudar a la alta dirección a identificar y obtener mayores beneficios mediante la aplicación de los principios de gestión.

Hay una relación directa entre la madurez del SGIeI y los beneficios obtenidos por la organización debido a una mejora de su eficiencia. (Ver tablas 4 y 5).

[251] La no recepción de las vacunas de Pfizer y la compra de la vacuna de origen ruso no avalada por OPS/OMS durante la pandemia en la presidencia de Alberto Fernández.

[252] Los gremios toman medidas en función del gobernante de turno y no de la realidad educativa que enfrentan.

[253] Algunos gobernantes pasean los móviles policiales de un distrito a otro a los efectos de hacer creer a la población que se están preocupando realmente por su seguridad.

[254] Se dejan cargos vacantes o se designan jueces que no cumplen con los requisitos profesionales y académicos pertinentes a fin de asegurar la impunidad de los tránsfugas que viven de la politiquería.

Nivel	**Avance**	**Competencias y GyDFH**	**Procesos**	**Contro-les**	**Certificaciones /Premiaciones**
1	**95-100 %**	Todo el personal es experto en su materia	Todos los procesos se gestionan bajo condiciones controladas y validadas con enfoque multisistémico y dinámico. Se cuenta con medidas preventivas, correctivas y predictivas. Hay un sistema de gestión de riesgo sólido.	Por todos los de nivel 2 con soporte informático integral y uso de AI. *Benchmarking.*	Cuenta con sistemas de gestión certificados, acreditaciones o premiaciones que dan confianza sobre el grado de excelencia alcanzado.[255]
2	**75-95 %**	Se cuenta con un programa de actualización de competencias que abarca a por lo menos un 80 % del personal. Se realizan evaluaciones de desempeño y se considera los resultados para actualizar el programa. Mandos medios competentes y empoderados. Hay un sistema de reconocimiento.	Todos los procesos se gestionan bajo condiciones controladas y validadas. Se cuenta con medidas preventivas, correctivas y predictivas. Hay un sistema de gestión de riesgo con planes de contingencia.	Por responsable de proceso, mandos medios, AI, RXD, AE, CMD. *Benchmarking.*	Certificados con por lo menos dos certificados de sistemas de gestión, buenas prácticas o producto o acreditación o premiación.

[255] Certificaciones con normas de gestión ISO 9001, 14001, 19600, 26000, 2700137301, 45001, 50001 u otras. Certificación Six sigma Acreditación la norma ISO 15189 en caso de laboratorios, con el modelo de Joint Commission en las organizaciones de salud por la CONEAU en las universidades, premios nacionales o latinoamericano o el europeo (EFQM) o a la gestión de la calidad para el sector público o privado y otros.

3	**50-75 %**	Se cuenta con un programa de actualización de competencias que abarca a por lo menos un 50 % del personal. Se realizan evaluaciones de desempeño. Mandos en proceso de empoderamiento. Hay un sistema de reconocimiento.	Hay procesos gestionados bajo condiciones controladas y validadas. Se está trabajando en preventivas, correctivas y predictivas, así como en un sistema de gestión de riesgo con planes de contingencia.	Por responsable de proceso, mandos medios, AI, RXD.	Cuenta con un certificado de sistema de gestión.
4	**25-50 %**	Se cuenta con un programa de actualización de competencias que abarca entre el 25 y 50 % del personal. No se realizan evaluaciones de desempeño o están realizando su primera experiencia. Mandos en proceso de empoderamiento. Hay un sistema de reconocimiento discrecional.	Hay evidencias de organización de los procesos incipiente. Sigue predominando la actitud reactiva.	Por responsable de proceso y mandos medios.	Cuenta solo con certificado de calidad de producto.

5	**0-25 %**	No existe programa de capacitación o abarca a menos del 25 % del personal. No hay evaluación de desempeño. Mandos medios sin empoderamiento. No hay un sistema de reconocimiento.	Los procesos gestionados en forma reactiva. No se trabaja sistemáticamente en acciones preventivas o correctivas. No existe un sistema de gestión de riesgo con planes de contingencia.	Por las jefaturas.	No cuenta con certificados, acreditaciones o premios.

No es objeto de este libro tratar asuntos de economía, aunque se profundiza el tema en el capítulo 12. Sin embargo, considero oportuno compartir este decálogo al que adscribo:

1) El Estado no debe ser ni omnipresente (populismo) ni ausente (ultraliberalismo); debe ser eficiente.
2) Es responsable absoluto de la normalización, fiscalización y control de la administración pública y la sociedad.
3) Debe asegurar la igualdad ante la ley.
4) Debe promover el acceso igualitario a los servicios de educación, salud, seguridad y circulación y transporte de bienes y personas.
5) Debe promover el desarrollo económico facilitando las acciones de emprendedores, cooperativas y pequeñas y grandes empresas.
6) Debe asegurar el equilibrio entre el desarrollo económico y la protección ambiental.
7) Debe promover la mejora de la calidad de vida y el nivel educativo y cultural de las personas.
8) Debe asegurar la defensa armada de la Nación en caso de necesidad no solo ante la agresión extranjera, sino contra el crimen organizado.

9) El equilibrio fiscal, la no emisión de moneda sin respaldo, una sana política cambiaria, el acotamiento del tamaño de las administraciones nacional, provinciales y municipales a lo necesario y suficiente para asegurar la gestión eficaz y eficiente de los procesos de gestión púbica y el cumplimiento irrestricto del código de ética pública son indispensable para lograr un desarrollo sostenible.

10) Debe asegurar la total libertad de expresión, la gestión adecuada de la información y el desarrollo del conocimiento.

Acciones

* Establecer en el plan estratégico las acciones que requieran una evaluación de impacto económico y/o financiero.
* Motivar la interrelación efectiva entre los generadores de gastos y quienes los aprueban.
* Establecer criterios para la priorización de gastos e inversiones.
* Realizar análisis de costos por actividades cuando esto sea aplicable y oportuno.

*Reducir los costos de mala gestión.

* Incluir en el programa de actualización de competencias de los mandos medios y altos el análisis de costos.
* Establecer un tablero de mando integral que considere los aspectos de producción, productividad, costos, otros parámetros económicos y financieros.
* Fijar objetivos y metas relacionados con la gestión de los costos.
* Fomentar el uso racional y eficiente de los recursos en todas las áreas y procesos.

Resultados esperables

* Toma de conciencia de los mandos altos y medios de la importancia de los aspectos económicos y financieros en la gestión de los procesos.

* Reducción de los costos operativos sin afectar la calidad y la seguridad de las tareas asistenciales.
* Disposición adecuada de los recursos para mejoras de infraestructura e incentivos al personal.
* Eliminación en el personal del sentimiento de frustración ante de no disponibilidad de los recursos.
* Reducción de los riesgos, desvíos, reprogramaciones, conflictos por falta de recursos.
* Equilibrio entre la producción, la calidad, la seguridad y los costos.
* Aumento de la eficiencia.

ÉTICA Y COMPROMISO SOCIAL

Hablar de calidad de la gestión centrándose exclusivamente en la eficiencia sin tener en cuenta el marco de los valores de ética, solidaridad, equidad y universalidad es sentar las bases de un sistema injusto y excluyente (Pittaluga, R. R. 2003).

No se puede hablar de excelencia si no se acompaña de la ética aplicada a la prestación de los servicios de salud, educativos, de justicia o de cualquier índole; la investigación y la gestión.

Es por ello que, basándonos en los principios rectores establecidos por las instituciones competentes, cabe promover su respeto en el ejercicio de las tareas.

Tanto en el ámbito público como privado, es importante, además, impulsar la toma de conciencia y dar evidencias del compromiso social de la organización mediante medidas que demuestren su capacidad para favorecer su desarrollo sostenible en armonía con su entorno.

Las normas de responsabilidad social corporativa (RSC)[256] [257] son directrices que las organizaciones pueden seguir de manera voluntaria para mejorar su impacto en la sociedad.

Sus principios son:

- Comportamiento ético
- Rendición de cuentas
- Respeto a los derechos humanos
- Consideración a los intereses de las partes interesadas
- Respeto a la normativa internacional de comportamiento
- Cumplimiento de la legislación aplicable
- Transparencia de gestión

Estas normas se complementan con las de "*compliance*"[258] o cumplimiento normativo que establecen los requisitos que una empresa debe seguir para cumplir con las leyes y regulaciones aplicables a su actividad.

[256] ISO 26000:2010. Guia de responsabilidad social.

[257] ISO 26000-SA 8000– Convenio 1 de la OIT sobre las horas de trabajo (industria) y Recomendación 116 (reducción de la duración del trabajo). – Convenios 29 (trabajo forzoso) y 105 (abolición del trabajo forzoso) de la OIT. – Convenio 87 de la OIT (libertad sindical y protección del derecho de sindicación) – Convenio 98 de la OIT (derecho de sindicación y de negociación colectiva) – Convenios 100 (igualdad de remuneración) y 111 (discriminación en el empleo y la ocupación) de la OIT. – Convenio 102 de la OIT (seguridad social – norma mínima). – Convenio 131 de la OIT (fijación de salarios mínimos). – Convenio 135 de la OIT (representantes de los trabajadores). – Convenio 138 y Recomendación 146 (edad mínima). – Convenio 155 de la OIT y Recomendación 164 (seguridad y salud de los trabajadores). – Convenio 159 de la OIT (readaptación profesional y el empleo en las personas inválidas). – Convenio 169 de la OIT (pueblos indígenas y tribales). – Convenio 177 de la OIT (trabajo a domicilio). – Convenio 182 de la OIT (peores formas de trabajo infantil) – Convenio 183 de la OIT (protección de la maternidad/) – Repertorio de recomendaciones prácticas de la OIT sobre el VIH/SIDA y el mundo del trabajo. – Declaración Universal de los Derechos Humanos. – Pacto Internacional de Derechos Económicos, Sociales y Culturales. – Pacto Internacional de Derechos Civiles y Políticos.

[258] ISO37301:2021. Sistemas de gestión del cumplimiento: requisitos con orientación para su uso. ISO 19600: Estándares para sistemas de gestión de "*compliance*". FCPA: Ley de Prácticas Corruptas en el extranjero de EE. UU. Reglamento general de protección de datos (GDPR): Normativa europea sobre privacidad. Ley Sabarnes-Oxley (SOX): Requisitos de transparencia financiera en EE. UU. La Ley 27.401 de Responsabilidad Penal Empresaria establece el régimen de responsabilidad penal que aplica a las personas jurídicas.

El objetivo de las normas de *compliance* es:[259]

- Crear un ambiente de confianza y responsabilidad
- Evitar riesgos como el fraude o la corrupción
- Proteger a los clientes y a las partes interesadas de daños
- Mantener la identidad e integridad corporativa

Una norma complementaria útil es la ISO 22301. Seguridad y resiliencia – Sistemas de gestión de la continuidad del negocio.

Esta norma define los requerimientos para:

1. planificar, implementar, mantener, verificar y mejorar un sistema de gestión que permita preparar a la organización para cualquier tipo de contingencia negativa.
2. poder prevenir, protegerse, minimizar la probabilidad de que sucedan, poder responder y recuperarse ante cualquier riesgo que genere una interrupción de las operaciones.

Si bien todas estas normas se han redactado teniendo en cuenta al sector privado, sus conceptos son aplicables también a las organizaciones públicas. Por eso es importante que desde los organismos gubernamentales se fomente su uso.

Posibles medidas para la implementación de este principio

* Actualizar y fortalecer los comités de ética, seguridad y salud ocupacional, y salud ambiental en su interacción con otros comités.

* Incorporar sus secretarios al comité de mejora de desempeño.

* Desarrollar un área/comité dedicado a la interacción con la comunidad y al desarrollo del compromiso social.

* Incluir en el programa de actualización de competencias del personal estos temas, cuando sea aplicable.

[259] Norma ISO 19600.

* Establecer una política de reconocimiento a aquellos que den evidencia objetiva de compromiso social.

* Establecer un tribunal de ética para tratar los casos de incumplimiento.

Resultados esperables

Dado que en el núcleo de los problemas que enfrenta nuestra sociedad y sus organizaciones está en la crisis de valores, la jerarquización de los principios éticos en el accionar cotidiano redunda en la mejora del desempeño como consecuencia de la mejora en LA CONDUCTA de los individuos involucrados.

No es aceptable que funcionarios digan con desparpajo que lo que hicieron puede ser no ético, pero que es legal. La relación entre ética y derecho escapa a este trabajo por su complejidad, pero está muy bien tratada por los especialistas.

Difícil de medir cuantitativamente, su efecto cualitativo potencia la mejora en los resultados esperables seguidos a través de los indicadores de calidad, seguridad, eficiencia, impacto ambiental, productividad debido a su positiva influencia en la mejora del clima institucional.

Reflexiones

Si las organizaciones públicas y privadas de nuestro país diseñan, implementan, controlan y mejoran un sistema de gestión integrado e integrable (SGIeI) ajustándose a los quince principios mencionados, no quepa duda de que se habrán cumplido con todos los apartados establecidos por las normas de gestión, los requisitos establecidos por las autoridades, los reglamentarios y legales, y los relacionados con el ciudadano-cliente-usuario.

Se estima que todo SGIeI adecuadamente instrumentado recupera lo invertido en su implementación en un lapso que dependerá del tamaño de la organización, su complejidad, los procesos y áreas involucradas, el nivel previo de competencia del personal y la eficacia con que se desarrollaron las actividades.

Por ese motivo, hoy no se trata de discutir si corresponde o es beneficioso implantarlo en nuestras organizaciones, sino que la decisión pasa por definir cómo, cuándo y con qué alcance emprenderemos la reforma.

Las circunstancias que enfrentan las diferentes instituciones son tan disímiles que no hay un modelo estándar, sino que es necesario diseñar uno a medida para cada organización.

La experiencia previa puede facilitar la acción, pero es menester que tanto asesores como miembros de la organización se comprometan en realizar el mejor diagnóstico situacional posible dado que este es la principal puerta de entrada a una adecuada planificación. Muchas veces las urgencias condicionan esta etapa crucial.

Nuestra experiencia indica que, para tratar las urgencias, es recomendable la aplicación de "procesos para la mejora de procesos", pero sin dejar de emplear el tiempo necesario para, en paralelo, desarrollar un sistema de gestión sólido que tienda a la sistematización de la mejora.

Ese es uno de los ejes alrededor del cual estas pueden encarar con alta probabilidad de éxito un cambio que les permita asegurar hacia dentro y fuera de sí mismas su capacidad para dar respuesta adecuada a sus usuarios generando el clima de confianza que todos anhelan.

En el segundo volumen analizaremos cómo todo lo expresado anteriormente puede aplicarse a las relaciones exteriores, el involucro de las asociaciones sociales civiles y los sindicatos con las políticas de Estado, los partidos políticos, la lucha contra el crimen organizado, la economía, el sistema de salud, la gestión de la información y, sobre todo, la educación continua y permanente.

Espero les resulte útil todo lo compartido y los invito a interactuar en www.argentopia.com.ar

BIBLIOGRAFÍA

ALCOTT, G. Y WATTS, H. (2021). How to fix meetings: Meet less, Focus on outcomes a get stuff done (Productivity Ninja). Amazon.

ANDEER-EGG MILANO, E. (1992). Cómo hacer reuniones efectivas. Instituto de Ciencias Sociales Aplicadas.

BACCHINI, R., VÁZQUEZ, L, BIANCO, M. J., GARCÍA, J. (2018). Introducción a la probabilidad y la estadística. Cátedra de Estadística. Facultad de Ciencias Económicas. Universidad de Buenos Aires.

BARTIKOWSKI, B. Y LLOSA, S. (2003). Identifying Satisfiers, Dissatisfiers, Criticals and Neutrals in Customer Satisfaction. Working Paper n° 05-2003, Mai 2003. Euromed – Ecole de Management.

BASTRO, J. J Y MONTSERRAT, S. J. (2022). La autobiografía de San Ignacio de Loyola. Ed. Digital gratuita.

BERMEJO ASCORBE, R. (1996). Evaluación de programas sociales. Ed. Díaz de los Santos SQA.

BERKUN, S. (2005). Making Things Happen. Mastering Project Management. Ed. Reilly.

BOLLAÍN PASTOR, C., AGULLÓ, D. (2019). Presence of microplastics in water and the potential impact on public health. Rev. Esp. Salud Pública, 93.

Bolsa de Comercio de Buenos Aires. AÑO XXXIX – N° Edición 2011- 23 de Julio de 2021. “La superficie agrícola proyectada para la campaña 2021/22 alcanza 38, 7 millones de hectáreas”.

BONACORSI, S. (26 de abril de 2010). Kano Model and Critical To Quality Tree. Six Sigma and Lean Resources – Home.

BORGE, D. (2004). Pequeño gran libro del riesgo. Claves para comprender la inversión en bolsa. Paydóó.

Braguinski, R. (14 de agosto de 2022). Entrevista a Guillermina Tiramonti. La Nación.

Brandt, D. R. (1988). How service marketers can identify value-enhancing service elements. Journal of Services Marketing, 2(3), 35-41. doi: 10.1108/eb024732.

Brandt, D. R. y Scharioth, J. (1998). Attribute life cycle analysis. Alternatives to the Kanomethod in 51. ESOMAR-Congress, pp. 413-429.

Burkart R., Bárbaro N., Sánchez R. y Gómez D. Eco-regiones de la Argentina. Secretaría de Recursos Naturales y Desarrollo Sustentable. Administración de Parques Nacionales. Disponible en: https://sib.gob.ar/archivos/Eco-Regiones_de_la_Argentina.1999.

Cadotte, E. R. y Turgeon, N. (1988). Dissatisfiers and satisfiers: suggestions from consumer complaints and compliments.

Cerdá, J. (2018). Entre la cooptación y la represión. Portuarios anarquistas durante el peronismo (1943-1955). En Jacinto Cerdá, Pedro Berardi, Alejandro Belkin y Diego Ceruso, El anarquismo después del anarquismo: una historia espectral (pp. 1-57). Gesmar. https://gesmar.estudiosmaritimossociales.org/editorial/coleccion-anarquismos/el-anarquismo-despues-del-anarquismo/entre-la-cooptacion-y-la-represion/

Covey, S. (1997). Los siete hábitos de la gente altamente efectiva. Paidós empresa.

Coleman, D. (1996). Inteligencia emocional. Ed. Kairós.

Crenzel. E. (2024). ¿Cuántos son los desaparecidos y cuántas las víctimas de la desaparición forzada en la Argentina? Debates político-memoriales e investigación académica. Cambridge University Press. 24/02/2024

Federación de Radioprotección de América Latina y el Caribe. (14 de diciembre de 2018). Entrevista al Dr. Rodolfo Touzet sobre las antenas de telefonía celular y los posibles riesgos que para la salud. Radio Universidad AM580. https://radiocut.fm/.../dr-en-radioquimica-rodolfo-touzet-co.../

Federovisky, S. (16 de agosto de 2023). El negacionismo climático de Milei es de alto riesgo. Infobae.

Finchelstein, F. (2010). En la Argentina se dio un fenómeno muy particular de fascismo autóctono. Clarín. https://www.clarin.com/zona/Argentina-fenomeno-particular-fascismo-autoctono_0_HJfX9akCvQg.html

Fliedner, F. (1983). Martín Lutero: su vida y su obra. Editorial Clie.

Fukuyama, F. (1992). El fin de la historia y el último hombre. Free Press.

González Janzen, I. (1986). La Triple A. Ed. Contrapunto.

Halliburton, E. Carta Compromiso con el ciudadano: La experiencia argentina. Programa Carta Compromiso con el ciudadano. Una mirada desde los organismos. Subsecretaría de la Gestión Pública. Enero de 2006. Pp. 11-36.

Hatum, A. (4 de noviembre de 2023). Incompetentes narcisistas. Los jefes llegan al poder. La Nación.

Hausfather, Z. (31 de octubre de 2017). How well have the models projected global warming? Yale Climate Connections.

Herzberg, F.; Mausner, B. y Snyderman, B. B. (1959). The motivation to work. Wiley.

Hunting, S. (1993). The Clash of civilizations? Foreing Affairs.

Instituto De Efectividad Clínica Y Sanitaria. (2016). 4 millones de argentinos viven en áreas contaminadas con arsénico, sustancia que produce cáncer y otras enfermedades. Gacetillas de difusión, Novedades IECS. https://iecs.org.ar/4-millones-de-argentinos-viven-en-areas-contaminadas-cn-arsenico-sustancia-que-produce-cancer-y-otras-enfermedades/

Jacobs, R. (1999). Evaluating Satisfaction with Media Products and Services: An Attribute Based Approach. European Media Management Review.

Joiner, W. B. y Josephs, S. A. (2007). Leaderships agility. Five levels of mastery for anticipating and initiating change. Jossey–Bass.

KAHNEMAN, D. Y TVERSKY, A. (1972). Probabilidad subjetiva: un juicio de representatividad. Psicología cognitiva, 3(3), 430-454.

KAHNEMAN, D. Y TVERSKY, A. (1986). Teoría de las normas: Comparación de la realidad con sus alternativas. Revisión Psicológica, 93(2), 136-153.

KAHNEMAN, D. (2025). Pensar rápido, pensar despacio. Ed. Debate.

KANO, N.; SERAKU, N.; TAKAHASHI, F. Y TSUJI, S. (1984). Attractive quality and must-be quality. Journal of the Japanese Society for Quality Control, 14(2), 39-48. ISSN 0386-8230.

LAJE, A. (2022). La batalla cultural. Reflexiones críticas para una nueva derecha. Hojas del Sur.

LANCASTER, O. (2020). ¿Por qué, si somos parte de la naturaleza, no actuamos en consecuen-cia? Open Democracy. Free Thinking for the world. https://www.opendemocracy. net/es/democraciaabierta-es/por-qué-si-somos-parte-de-la-naturaleza-no-actuamos-en-consecuencia/

LARRES, K. (2020). Cómo Winston Churchill perdió las elecciones generals británicas de 1945. The Churchill Project. Hillsdale College. 27/08/2020.

LLOSA, S. (1999). Contributions to the study of satisfaction in services, AMA SERVSIG Service Research Conference 10-12 April, New Orleans, pp. 121-123.

LÜHRMANN, A. Y LINDBERG, S. (2019). A Third Wave of Autocratization is Here: What is New about It? Democratization, 26(7), 1095-113.

MARROU, H. (2004). Historia de la educación en la Antigüedad. Ediciones AKAL.

MATUS, C. (1987). Política, Planificación y Gobierno. Fundación Altadir.

MIRA, C. (8 de octubre de 2019). La enfermedad argentina. The Post.

MØLLER, K. (1992). Calidad personal: la base de todas las demás calidades. Ed. TMI.

NAVEH, E. (1996). El costo de la no calidad en Israel.

OHMAE, K. (1997). El fin del Estado-nación. La ilusión cartográfica. Una cuestión de cultura. Andrés Bello.

ORGANISATION FOR ECONOMIC CO-OPERATION AND DEVELOPMENT. (1996). Responsive goverment: Services Quality Initiatives. Serie PUMA.

ORGANISATION FOR ECONOMIC CO-OPERATION AND DEVELOPMENT (2020). Innovative Citizen Participation and New Democratic Institutions: Catching the Deliberative Wave. https://doi.org/10.1787/339306da-en

ORTEGA Y GASSET, J. (1964). Meditación del pueblo joven. Colección Austral. Espasa Calpe.

PITTALUGA, R. R. (2010). Comentarios orientados a la gestión pública sobre el modelo de Noriaki Kano. https://www.deltaq.com.ar/documentos/Modelo_de_Kano.pdf

PITTALUGA, R. R. Y PITTALUGA, F. (2015). "Teórico 2– Principios de la Gestión integrada e integrable de las Organizaciones de Salud" del Módulo 1 Introducción a los Sistemas de Gestión de la calidad en las Organizaciones de salud. Diplomado de Gestión de la Calidad en las Organizaciones de Salud-IRAM.

PITTALUGA, R. R. (23 al 26/11/2003). Conferencias de Sensibilización e Introducción a la Serie de Normas ISO 9000:2000 en Salud y Administración Pública. Costa Rica.

POPPE, E. (15 de marzo de 2017). Cómo pensar en la probabilidad, la verosimilitud y la frecuencia. Fair Institute. Justo, Gestión de riesgos.

RACHMAN, C. (2022). La era de los líderes autoritarios. Cómo el culto a la personalidad amenaza la democracia en el mundo. Crítica Editorial.

RAYA DONET, A. (12 de agosto de 2019). La lección ignaciana: formar a la persona antes que al profesional. Andresrayana.com. http://andresraya.com/la-leccion-ignaciana-formar-a-la-persona-antes-que-al-profesional/

ROLDÁN, J. M. (2021). Césares. Cesar, Augusto, Tiberio, Calígula, Claudio y Nerón. La primera dinastía de la Roma Imperial. El Ateneo.

RUIZ FALCÓ ROJAS, A. (2006). Control estadístico de procesos. Apuntes de clase. Universidad Pontificia ICADE Comillas.

SECRETARÍA DE MODERNIZACIÓN DEL ESTADO. (2001). Programa Carta Compromiso con el Ciudadano. Guía para su implementación. Editorial Universitaria de Buenos Aires.

SERVETTO, A. (2008). Memorias de intolerancia política: las víctimas de la Triple A (Alianza Argentina Anticomunista). Antíteses, 1(2), julio-diciembre, 2008, pp. 439-454. Universidad Estadual de Londrina, Brasil.

SCHMIDT, T. (2009). Strategic Project Management. Made simple. Practical tools for leaders and teams. Wiley.

SIGNORELLI, A. (6 de julio de 2023). La pampa húmeda hoy. INTA.

THUROW, L. (1996). The Future of Capitalism: How today's economic forces shape tomorrow's world.

VENKITARAMAN, R. K. Y JAWORSKI, C. (1993). Restructuring customer satisfaction measurement for better resource allocation decisions: an integrated approach, Fourth Annual Advanced Research Techniques Forum of the American Marketing Association, June.

VERGARA, R. A. Y ZURICK VARELA, E. (2007). Modelo de gestión urbano sostenible. Editorial del Norte.

Vigo, A. G. (2011). Ética y derecho según Kant. Tópicos (México), 41.

ÍNDICE

Made in the USA
Monee, IL
11 November 2026

68341138R00144